学生国学丛书新编

主编 王　宁

顾问 顾德希

书经

叶玉麟　选注

周玉秀　校订

商务印书馆
创于1897 The Commercial Press

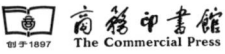

2018年·北京

学生国学丛书新编

主　编：王　宁
顾　问：顾德希
编辑组：（按姓氏笔画排列，加*为特约编辑）
　　　　刘　葵*　　刘建梅　　刘德水*
　　　　李　节　　杨志刚*　　陈立今*
　　　　陈年年*　陈彦昭*　　周玉秀*
　　　　周淑萍*　赵学清　　俞必睿
　　　　党怀兴*　徐从权　　凌丽君*
　　　　郭　威　　黄御虎　　盛志武*
　　　　董婧宸*　董媛媛　　魏　荣*
　　　　魏晓明

总序之一

王 宁

王云五、朱经农主编的《学生国学丛书》,是一套为中学生和社会普及层面阅读古代典籍所做的文言文选本。它隶属在王云五做总主编的《万有文库》之下,1926年开始陆续由商务印书馆出版。20世纪20年代开始策划时,计划出60种,后来逐渐增补,到1948年据说已经出版了90种;因为没有总目,我们现在搜集到的仅有71种。由于今天弘扬中华优秀传统文化和提高文言文阅读能力的社会需要,我们决定对这套丛书进行适应于现代的加工编辑,将它介绍给今天的读者。

在推介这套丛书的时候,我们保存了原编的主要面貌:选书与选篇基本不变,将原书绪言保留下来,每篇选文原注所选的注点,也作为这次新编的重要参考。这样做是为了尽量借鉴前贤的一些构思和作法,并保留当时文

总序之一

言文阅读水平的基本面貌，作为今天的参考。

《学生国学丛书》是本着商务印书馆"昌明教育，开启民智"的一贯宗旨编选的，阅读群体应当主要是当时的中学生。20年代的中学生阅读文言文的水平显然比今天高一些，因为那时阅读文言文的社会环境与现在不同，虽然白话文已经通行，但书信、公文、教科书和报刊中，都还保留了不少文言文。国文课的师资，很多也是在国学上有一些根柢的文士。在知识界和语文教育界，文言文阅读还不是什么难事。今天，文言文阅读水平既关系到继承和弘扬中华优秀传统文化的效能，又关系到现代社会总体人文素质的提高，应当达到什么程度最为合适？民国时期是可以作为一个基准线的。

《学生国学丛书》体现了20世纪之初一些爱国的出版家和教育家把中华优秀传统文化传承给下一代的情怀、理想和实干精神。他们策划这套丛书的宗旨和编则，可资借鉴的地方很多，他们的实践经验、教育精神和国学学养值得我们学习的地方也很多。这一点，是我们了解了丛书的主编和40多位编选者的情况后感受到的。

丛书的主编王云五、朱经农，都是我国20世纪初爱国、革新的出版家。王云五主编《万有文库》，开创了我国图书出版平民化的新纪元，体现了新文化运动中普及文化教育的先进思想。《学生国学丛书》是《万有文库》

里专门为中学生编选的，目的是将弘扬民族文化精华的理念带入初等教育，这在当时不能不说是有远见的。两位主编不论在反对封建帝制的革命中，还是在民族危难的救国图强斗争中，都有可圈可点的事迹，值得钦佩。与两位主编合作的40多位编写者，多是辛亥革命的参与者和新文化运动的前沿人物。他们熟悉古代文典，对中国文化理解通透，领悟深刻，又有强烈的反封建意识；其中很多都在中小学教育领域里有过丰富的实践经验，教过国文，编过教材，研究过教法。这里有我们十分熟悉的教育家和文学家，如我国现代教育特别是语文教育的领军人物叶绍钧（他后来的名字是叶圣陶），新文化运动的先驱者、中国革命文艺的奠基人之一、著名作家茅盾（他当时的名字是沈德鸿，后来为大家熟悉的姓名是沈雁冰）。这两位，多篇作品都被收入中学语文课本，20世纪50年代以后的老师、同学是无人不知的。其他如著作丰厚、名震一时的藏书家胡怀琛，国学根柢深厚、考据功底极深、《中国人名大辞典》《中国古今地名大辞典》的主要编写人臧励龢，我国语文教育的改革家庄适等。

20世纪初的中国社会，多种文化思潮纷纭杂沓：改良主义者提出"师夷制夷""严祛新旧之名，浑融中外之迹"的折中主张；历史虚无主义者在"全盘西化"的徽帜下将西方的一切甚至文化垃圾照单全收；殖民主义文

总序之一

化论者叫嚣中国道德一律低级粗浅,鼓吹欧洲人生活方式总体文明高超;另一方面,封建复辟野心家的代言人则一味复古,用古代的文化糟粕来抵抗新文化的建构。这些,都对比出爱国的出版家、学问家、教育家既要固本又要创新的理想和实践精神的可贵;也让我们认识了新文化运动及革命文学的前沿人物坚守教育阵地的不懈努力,懂得了他们的编纂意图和深厚学养。保留丛书主要面貌,就是对他们成果的尊重和信任。

随着中华优秀传统文化的广泛传播,随着中小学语文教学改革的深入发展,在读书成为教师、家长和渴求文化的大众普遍要求之时,文言文阅读将会是其中一个重要的内容。有人说,文言只是一种古代的书面语,口语交际和现代文本已经不再使用,我们为什么还要学习文言文呢?在推介这套丛书的时候,我们有必要来回答这个问题。

文言是古代知识分子和正统教育使用的书面语言,具有超越时代、超越方言的特性,因而也同时具有了记载数千年中华民族灿烂文化的主要功能,它是与中华民族文明史共存的。许慎《说文解字叙》说汉字的作用是"前人所以垂后,后人所以识古",这两句话即是对汉字记录的文言说的。我国历史悠久,文化遗产丰富,用文言记录的历史文献,用文言撰写的文学作品,多到不可计数,只有学习它,才能从古知今,以史为鉴。文言所

总序之一

记录的,不仅是古代社会的典章制度和政治经济,还有先贤哲人的人生经验和思想哲理,让我们看到中华民族一代又一代人的智慧。想想看,如果我们及早领会了古人"斧斤以时入山林"的采伐规则,便不会过度开发建材,造成那么多秃山荒岭,把气候搞得这样糟糕。当我们读过也理解了"今之孝者是谓能养。至于犬马,皆能有养。不敬,何以别乎"这段话,就会在对待长者时,把他们的尊严看得和他们的生计同等甚至更加重要!如果"防民之口甚于防川""水能载舟亦能覆舟"的体验真能引起各级掌权者的畏惧,阻塞言路的危害也许可以有所减轻。在道德重建的今天,中国传统道德中"己所不欲勿施于人"的利他主义,"爱民""富民""民为重"的民本思想,"以不贪为宝"的清廉品德,"志士不忘在沟壑,勇士不忘丧其元"的大义凛然态度,"吾日三省吾身"的自律精神,"君子怀刑"的守法意识,……这些,即使在今天的一般阅读中,也已经深入人心。可以想见,进入深度阅读后,我们一定会受到更多的启迪,在阅读中产生更多的惊喜。著名的国学大师、革命家和思想家章太炎,1905年7月15日在东京留学生欢迎会上演讲时说:"近来有一种欧化主义的人,总说中国人比西洋人所差甚远,所以自甘暴弃,说中国必定灭亡,黄种必定剿灭。因为他不晓得中国的长处,见得别无可爱,就把爱国爱种的心日衰薄一日。若他晓得，我想就是全无心肝的人，那爱国爱种的心，必定风发泉涌，不可遏抑的。"阅读文言文，就是要使我们具有这种文化自信。是的，遗产是有精华也有糟粕的，古代的未必都适合今天；我们只有真正读懂文典，将历史面貌还原，再有了正确的价值观，才能辨析断识，而不是道听途说，更不会受人蛊惑。在这个意义上，文言文阅读作为吸收中华优秀传统文化的必要途径，绝不是可有可无的。

文言文阅读是产生汉语正确语感的一个重要源泉。汉语不是一潭死水，从古到今，不知吸收了多少其他民族的词汇和句法，也曾经夹杂着很多不雅甚至不洁的成分；但是，文言经过数千年的洗涤、锤炼，已经渐渐将切合者融入，不切合者抛弃。经过大浪淘沙、优胜劣汰而能流传至今的美文巨制，会更加显现汉语的特点。而现代汉语刚刚一个世纪，在根柢不深、修养不佳的人们的口语里、文辞中，常常会受外语特别是英语的影响，受不健康的市井俚语的侵染，产出一种杂糅的语言。我们想在运用现代汉语时真正体现出汉语的特点，比如词汇丰富、句短意深、注重韵律、构造灵活等，提高用健康、优美的汉语表达正确、深刻的思想的能力，文言会带给我们一些天然的汉语语感。热爱自己的本国语言，不断提高运用汉字汉语的能力，这是每一个人文化素养中最重要的表现;克服语言西化、杂糅的最好办法,是在学习规范、优美的现代汉语的同时,对文言也有深入的感受和体验。

文言文阅读还是从根本上理解现代汉语的重要条件。人们都认为现代汉语与文言差别很大,初读时甚至感到疏离隔膜、难以逾越。其实,汉语是一种词根语,词汇和语义的传衍非常直接,文言中百分之七十的词汇、词义,在现代汉语的构词法里都能找到。在书面语里,文言单音词的构词能量有时会比口语词更强。经过辗转引用积淀了深厚文化底蕴的典故、成语,成为使用汉语可以撷取的丰富宝库。如果我们对文言一无所知,是很难深入理解现代汉语的。有些人认为,在语文教学中现代文阅读和文言文阅读是两条线,其实,在词汇积累层面上,应该把它们并成一条线。学习文言与学习现代汉语,在积累词汇、理解意义、体验文化、形成语感方面是相辅相成的。

在推介《学生国学丛书》的时候,我们也有另外一重考虑。这套丛书毕竟经过了将近一个世纪,时代和社会都发生了根本的变化,我们有了更加明确的核心价值观和适应于现代的审美意识,语言、文字、文学、文献、教育都有了更新的研究成果,对丛书进行适度的改编,也是绝对必要的。所以,这次新编,我们主要做了五项工作：第一，为了今天在校学生和普通读者阅读的方便，改竖排为横排，标点符号也随之改为现代横排的规范样式。第二，变繁体字为简化字，在繁简转换的过程中，对在文言文语境中有可能产生意义混淆的用字，做了合理的处理。第三，采用今天所见较好的古籍版本对原书的选文进行了审校，订正了文句的错、讹、脱、衍。第四，对原书的注释进行了修改、加工、调整，使注释更加准确、易懂，对地名和名物词的解释，也补充了最新的资料。第五，撰写了新编导言，放在原书绪言的前面。原编者和新编者对同一部书和同一篇文的看法，或所见略同，或相辅相成，或角度各异，或存在分歧，都能促进阅读者的思考和讨论，引发延展性学习，带动更多篇目和整本书的阅读。

《学生国学丛书》本来是一套开放的丛书，我们还会根据教学和读者的需要，补充一些当时没有被选入的优秀古代典籍的选本，使新编的丛书不断丰富。

我国每年有将近两亿的青少年步入基础教育，一个孩子有不止一位家长，这是一个多么庞大的读书群体。将一个世纪以前的《学生国学丛书》通过新编激活，让它走进一个新的时代，更好地发挥它在语文教育和弘扬我国优秀传统文化中的作用，这是我们之所愿，也希望能使编写这套书的前辈们夙愿得偿。

总序之二
——植入健康的文化基因

顾德希

优秀的传统文化是中国人的精神家园。学生多读些国学典籍，将有助于把优秀传统文化的基因植入肌体。王宁老师的"总序"，对本丛书的这一编辑意图已有深入全面的阐释，我打算就如何阅读这套丛书，或者说如何阅读文言文，做些补充性说明。

这套丛书的每一本，都专门写了新编导言。这是今日读者和原书连接的桥梁。人们常把桥梁喻为过河的"方法"，所以也可以说，新编导言之所谓"导"，就是力图为各类学生和更多读者提供一些阅读的方法。

这套丛书有好几十本，都是极有价值又有相当难度的国学经典，如不讲究阅读方法，编辑意图的实现会大打折扣。但这些经典差异性很大，《楚辞》和《庄子》的阅读肯定很不同,《国语》和《周姜词》的阅读方法差别就更大,即使同是词,读《苏辛词》与《周姜词》也不宜用完全相同的方法。因此本丛书新编导言所提供的阅读方法,针对性很强,因书而异。但异中有同,某些共性的方法甚至更为重要。不过,这些共性的方法渗透在每一篇导言中,未必能引起足够重视。下面,我想谈谈文言文阅读的四个具有共性的方法。

一、了解作者和相关背景,了解每本书的概貌,对每本书的阅读都很重要,这毋庸置疑。但一般读者了解这类相关知识,目的仅在于走近这本书。因而涉及作者、背景、概貌等,导言中一般不罗列专业性强的知识,而诉诸比较精要的常识性叙述。比如对《吕氏春秋》作者吕不韦,并没有全面介绍,也没有像过去那样从伦理道德上对这个历史人物加以贬抑,而只侧重叙述了他作为政治家的特点,因为明乎此便很有助于了解《吕氏春秋》。又如《世说新语》的成书背景有其特殊性,也需要了解,但限于篇幅,叙述的浓缩度很大。凡此种种必要的常识,新编导言里一般是点到为止,只要细心些,便不难从中获得多少不等的启发。兴趣浓厚者,查找相关知识也很容易。

二、借助注解疏通文本大意之后,就要反复诵读。某些陌生的词句,更要反复诵读。一句话即使反复诵读

总序之二

二十遍也用不了两三分钟，但这两三分钟却非常重要。

"诵读"是出声音的读，但并不是朗诵。大家所熟悉的现代文朗诵，不完全适用于文言诗文。朗诵往往是读给别人听，诵读却是读给自己听。古人所谓"吟咏"，是适合于当时人自己感悟的一种诵读。今天的诵读，用普通话即可，节奏、抑扬、强弱、缓急，都无客观规定性，可随自己的感受适当处理。如果阅读文言文而忽略了诵读，效果至少打一个对折。不念出声音的默读，是只借助视觉器官去感知；出声音的诵读，是把视觉、听觉都动员起来的感知，其所"感"之强弱不言而喻。而且一旦读出声音，就让声带、口腔等诸多器官的运动参与进来了，凡诉诸运动器官的记忆，最容易长久。会骑车的人，多年不骑，一登上车还是会骑。因为骑车的感觉是一种运动记忆。文言语感的牢固形成与此类似。古人所谓"心到、眼到、口到"之说，实在是高效形成文言语感的极好方法。不管是成篇诵读，片段诵读，还是陌生词句的反复诵读，都是提升文言文阅读能力的好办法。本丛书的每一篇新编导言并未反复强调"诵读"，但各种阅读建议无不与某些片段的反复读相关。既读，就要"诵"，这是文言文阅读的根本方法。

三、应用。这是与文言翻译相对而言的。把文言文阅读的重点放在"翻译"上，副作用很多。一是不可避免信息的丢失。概念意义、情味意蕴，都会丢失。课堂教学中让学生把一篇文言文从头到尾"对号入座"地搞翻译，是文言教学中的无奈之举。一句一句，斤斤计较于文言句法词法和现代汉语的异同，结果学生的诵读时间没有了，刻意去记的往往是别别扭扭的"译文"，而精彩的原文反倒印象模糊，这不是买椟还珠吗！所以，在疏通大意、反复诵读的同时，一定要重视"应用"。应用，就是把某些文言词句直接"拿来"，用在自己的话语当中。比如，在复述大意时，在谈阅读感受理解时，不妨直接援引几句原话。如果能把原文中的某些语句就像说自己的话一样，自然而然地穿插到自己的述说中，那就是极好的应用。本丛书新编导言中援引原作并有所点评、有所串释、有所生发之处很多，但绝不搞对号入座的翻译，这不妨看作文言文阅读方法的一种示范。新编导言中有很多建议，要求结合作品谈个什么问题，探究个什么问题，都不同程度地含有这种"应用"的要求。

四、坚持自学。这套丛书，为学生自学文言文敞开了大门。学生文言文阅读的状况永远会参差不齐。同一个班的高中生，有的已把《资治通鉴》读过一遍，有的能写出相当顺畅的文言文，但也有的却把"过秦论"读成"过奏论"，这是常态。只靠面对几十个人的文言课堂讲授，几乎不可能使之迅速均衡起来。只有积极倡导自

总序之二

主性学习,才可能有效提高教学质量。本丛书的新编导言,高度重视对文言自学的引导。每篇新编导言都就怎样去读提出许多建议。这些建议有难有易,不是要求每一个人全都照着去做。能飞的飞,能跑的跑,快走不了的慢走也很好。新编导言在"导"的问题上,从不同层次上提出不同建议,相信各类学生都能找到适合自己的要求。只要选择适合自己或者自己感兴趣的要求,坚持不懈去"读",去"用",文言文的自学一定会出现令人惊喜的成果。从这个意义上说,本丛书的每一本,都是适合于各类读者自学国学经典的好读本。每一本中经过精心处理的注解,是自学的好帮手;而每一篇新编导言,又都可对自学起到切实的引导作用。只要方法对,策略恰当,那么这套丛书肯定能帮助我们有效提高文言文阅读水平。

目前,在深化高中语文课改的大背景下,很多学校高度重视突破过去那种一篇篇细讲课文的单一教学模式,开始重视"任务群"的学习,重视整本书的阅读,重视选修课的开设,重视校本课程的建设。在这样的大背景下,如果学校打算从本丛书中选用几本当作加强国学教育的校本教材,那么"新编导言"对使用这本书的教师来说,也可起到某种"桥梁"作用。

不管用一本什么书来组织学生学习,都必须对学生

总序之二

怎样读这本书有恰当引导。这是提高教学质量的一定不移之理。恰当的引导，要有助于各类学生更好地进入这本书的阅读，要有助于各类学生更好地开展自主性学习，要使之在文本阅读中进行有益的探究，并获得成功的喜悦。为了使新编导言的"导"能起到这样的作用，本丛书专门组织了多位一线优秀教师先期进入阅读，并把成功教学经验融入新编导言。因此，我们有理由相信，新编导言可以成为组织学生学习活动的有益借鉴。导言中结合具体作品对阅读所做的那些启发、引导，针对不同水平读者分层提出的那些建议，都将有助于教师结合自己学生的实际情况进一步拟出付诸实施的具体导学方案。

我相信，只要阅读文言文的方法恰当，只要各类读者从实际情况出发，循序渐进地学，优秀传统文化的基因就一定能更好地植入肌体。

目　录

新编导言 ………………………………………………… *1*

原书绪言 ………………………………………………… *9*

虞书
　皋陶谟 ………………………………………………… *13*

夏书
　甘誓 …………………………………………………… *19*

　五子之歌 ……………………………………………… *21*

　胤征 …………………………………………………… *25*

商书
　汤誓 …………………………………………………… *29*

　汤诰 …………………………………………………… *31*

咸有一德 ·················· 34

说命上 ·················· 37

说命中 ·················· 40

说命下 ·················· 43

高宗肜日 ·················· 46

西伯戡黎 ·················· 47

微子 ·················· 49

周书

泰誓上 ·················· 53

泰誓中 ·················· 57

泰誓下 ·················· 60

牧誓 ·················· 62

武成 ·················· 66

旅獒 ·················· 71

金縢 ·················· 74

微子之命 ·················· 80

酒诰 ·················· 82

梓材 ·················· 90

多士 ·················· 94

无逸……99

蔡仲之命……105

周官……108

君陈……113

君牙……116

文侯之命……118

费誓……121

新编导言

《书经》即《尚书》。它是流传至今最早的历史文献汇编，记录了尧、舜、禹、夏、商、周时期君上与臣子的言论，谈的基本内容是为政之道。《尚书》曾被孔子修订过，汉代被列为儒家"五经"之一，故又称《书经》。

《书经》有点难读，叶玉麟先生在"绪言"的开篇便引了韩愈的话："周诰殷盘，佶屈聱牙。"但他进一步指出，书中文辞深浅"各篇迥异"，也并非都那么费解，而有些东西"足以为万世师法"。所以对广大读者来说，《书经》不仅能读，而且很值得读。尽管它被不少读者视为畏途巉岩，但这"畏途巉岩"上实在有不该错过的风景。

《书经》离我们并不远。参观过故宫的人应该都见过太和殿正中的匾额，上面的"建极绥猷"四个大字，便出自《书经》。太和殿是天安门后突出重要的地方。这四个字的大意，可理解为建立最高准则以安定四方，与"天安"相呼应。如果查查《洪范》《汤诰》两篇，明白"建极"和"绥猷"的含义，就会感到这四个字放在这里，既恰当又含义丰富。《书经》超乎一般的厚重性，于此可见一斑。正如唐代史学家刘知几所说："夫《尚书》者，七经之冠冕，百氏之襟袖。"《书经》是中华文明的重要元典之一。就今天的中国人而言，读过《书经》的可能不多，但没受过《书经》影响的一定极少。比如"克勤""克俭"，出自《大禹谟》"克勤于邦，克俭于家"。今天，名字叫"克勤""克俭"的中国人难以计数。而熟知"满招损，谦受益""好生之德"这些同出自《大禹谟》的成语的人，就更多了。可以说，《书经》是饱含中华优秀传统文化基因的不朽之作。

怎样走近《书经》中那些不该错过的风景呢？下面提五点建议。

一、了解概貌

《书经》里的文章大致可分典、谟、训、诰、誓、命六种。

典，即典籍、经典，如《尧典》《舜典》，记载尧、舜言论及治水、禅让等大事，被后世尊奉为典范。

谟，义同"谋"，主要记录君臣谋议大事的谈话，如《大禹谟》《皋陶谟》等。

训，一般解释为臣下劝诫君王之辞，如《伊训》《高宗肜日》《咸有一德》等。但《五子之歌》"皇祖有训"的"训"，指"皇祖"大禹之训。可见，训也可以是君上的言论。所以本书原注将《无逸》《周官》等释为训体，是有道理的。

诰，君上对臣下的诰谕，如《汤诰》《酒诰》《多士》等。

誓，是君王、诸侯征战前的誓师辞，如《甘誓》《汤誓》《牧誓》《泰誓》等。

命，是君王任命官员或赏赐诸侯时的册命辞，如《微子之命》《蔡仲之命》《君陈》等。

典、谟为对话体，训、诰、誓、命则以个人讲述为主。这六类文章占《书经》的绝大部分。此外，《禹贡》为地理专著，《金縢》叙史，《武成》是武王灭商后祭告宗庙之辞，叙述了伐纣的过程，都是珍贵的史料。

二、弄清故事

《书经》以记言为主，但如果搞清楚这些言论是在什么背景下、针对什么事件而发，也就是先了解故事，自然有助于我们理解言论。有些故事《书经》里面就有记录，如《金縢》。但更多篇目中大段言论所针对的事件则未直接交代，这就需要我们从《书经》"外面"查阅资料以了解相关故事。

试以《金縢》为例，弄清"里面"的故事。这个故事可分三层。

第一层,周武王患重病,周公向先王祈祷,希望自己能代替武王去死。之后,周公的祷文便放进专存卜筮典册的匣子,用金属缄封起来。第二天,武王的病竟好了。周公愿用自己的生命换得武王健康,以保障国家与民众的利益,这份胸怀令人感动。

第二层,武王去世后,其子成王即位,成王年幼,周公帮着管理国事。这时管叔等人散布谣言,说周公要篡权,而成王也将信将疑。周公为了避嫌,主动离开成王,避居东都。白居易有几句诗:"周公恐惧流言日,王莽谦恭未篡时。向使当初身便死,一生真伪复谁知?"如果周公当时"身便死",就会永远蒙受不白之冤。当别人不相信你心怀忠信而你依然不改初心,这需要多么高的境界!

第三层,数年后,秋收时节突然打雷下雨,庄稼倒伏,大树被拔起,国人恐怖。成王和众大夫准备占卜,打开金属缄封的匣子,看到周公的祷告之文,这才意识到是自己错怪了周公而导致上天惩罚。成王知错痛哭,以礼迎回周公,一切恢复了正常,这年秋天获得大丰收。此时成王不仅了解到周公的美德,更明白了以德治国的道理,而《尚书》记录这个故事的用意也正在于此。

弄清这个故事,明白了周公何以被后世推崇,了解了何谓治国以德,这就是很有效的阅读了。故事在《书经》

"里面"的，除《金縢》外还有《说命》，都属"贤臣相主"系列。而同属这个系列的故事，如皋陶与舜、禹（《皋陶谟》），伊尹与太甲（《咸有一德》）等，则需要我们从"外面"查找一些资料，才能了解故事的精彩之处。在"贤臣相主"之外还有别的故事系列，如"征伐"系列等，都可以先查找资料了解故事，再理解相关的言论。

三、体会道理

《书经》所讲的政治道理，大致可归纳为三个方面。

一是敬天保民，反映的是对怎样保障统治权力的思考。例如《汤誓》涉及这样一个故事：夏桀罪恶滔天，却认为自己的统治权力能和太阳一样永存；而愤怒的百姓喊道："时日曷丧？予及汝皆亡！"夏桀认为自己的权力由上天保障，没有意识到民众的力量。商汤则认为老百姓受到残害，上天也不会答应，因此替天行道，消灭了夏桀。这里面反映了对"敬天"与"保民"关系的思考，是对"统治权力从哪里来、靠什么保障"认识的进步，也是"民本"思想的萌芽。

二是责己尚贤，反映的是对统治者素质的思考。《书经》中认为君、臣都要有贤德。比如西戎国进贡给周武王一只猛犬作为玩物，召公立即为此写了一篇《旅獒》，向武王讲"玩人丧德，玩物丧志"的道理，对君主的要求可谓严格。又如《说命》讲的是商王武丁任用贤臣傅说而实现"武丁中兴"的故事，堪称千古佳话。

三是明德慎刑，反映的是对统治手段的思考。比如《皋陶谟》记录皋陶论述如何以德治国，这似乎很平常；但如果你知道皋陶是掌管刑法狱讼的大臣，连他也不强调"刑"而提倡"德"，就能理解《书经》对"德"何等看重。又如《酒诰》中提到，不要杀掉犯了酒戒的殷商原来的臣子百工，而要先教育他们。这和《论语》中"不教而杀谓之虐"的观点一致，都主张"明德慎刑"。

四、思考探究

《书经》里的故事和道理，今天还有启发性吗？我们今天对《书经》中的一些问题该怎么看？如果进行这样的思考探究，收获会更大。

比如《胤征》，其中的羲、和二人是掌管天地四时之官，有一天出现了日食（这是人类历史上对日食的最早记录），夏王认为是羲、和二人沉迷于喝酒，失德失职，搅乱天纪，因此命令胤侯征讨羲、和。今天的我们都明白日食是自然现象，羲、和沉迷于喝酒诚然不对，但因日食获罪是不是有点冤枉？如试做探究就不难发现，"喝酒""日食"是借口，讨伐羲、和其实另有原因，这启示我们要透过现象看本质。

又如，《书经》一方面强调上天权威，认为"天叙有典""天秩有礼""天命有德"（《皋陶谟》），商纣王甚至在被讨伐前还反问"我生不有命在天"（《西伯戡黎》）；另一方面，又说"民之所欲，天必从之"(《泰誓上》)，认为"民"更重要。如何理解和看待《书经》里这类看似矛盾的现象？

五、梳理积累

《书经》里有很多人、事、言、理在后世一直流传，可以试着做些梳理，这对我们了解典故、积累语言会很有帮助。

比如《微子》里提到的"父师""少师"分别是箕子和比干。面对商纣王的黑暗统治和即将亡国的现实，微子、箕子、比干做出了不同选择，但都值得尊敬。"殷末三仁"的故事在后世屡被提及，如《论语·微子》："微子去之，箕子为之奴，比干谏而死，孔子曰：殷有三仁焉。"如果把"殷末三仁"的故事做些纵向梳理，我们将会读懂不少相关文章。

又如《说命中》里的"有其善，丧厥善；矜其能，丧厥功"，叶先生的注释是："若自以为善，则必为人所憎恶，虽实有其善，亦丧失矣。自夸其能，则必为人所厌鄙，虽实有其能，亦丧失其功矣。"而《论语·公冶长》中有"颜渊曰：愿无伐善，无施劳"，《朱子家训》里有"善欲人见，不是真善"。如果把这些彼此相关的说法一并加以整理，既可深入明理，也很有助于提高语言表达能力。

《书经》中有大量词语至今还在作为成语使用，很值得专门下点功夫梳理积累。例如巧言令色(《皋陶谟》),玉石俱焚(《胤征》),有备无患(《说命中》),奇技淫巧、除恶务本(《泰誓下》),血流漂杵、偃武修文、马放南山、皇天后土、天下大定(《武成》),玩物丧志、功亏一篑(《旅獒》),有容乃大(《君陈》),等等,都在这本书里,不可失之交臂。

从弄清一些故事到体会某种道理,再把探究和积累结合起来,《书经》的阅读一定会有趣、有得。

原书绪言

韩文公曰："周诰殷盘，佶屈聱牙。"盖《尚书》为虞、夏、商、周四代史臣之书，非一人所撰，上下相距，千有余岁，故其文辞意义之浅深，虽一书中，而各篇迥异；然典、谟、训、诰、誓、命之文，辞义雅奥，与夫先圣之训诲，足以为万世师法者，实非后世所能及也。惜乎始皇燔书之后，孔子所纂之百篇，已散亡大半，今之所传者，惟余五十八篇；而自汉以来，欧阳、夏侯、孔、贾、马、郑诸儒，各有师承，遂渐分支派；降至魏、晋、唐、宋，注疏者往往守门户之见，肆相攻诋，穿凿傅会，舍本逐末，一字之释，动至万言；或故立新见，更张前人之说，或龂龂强辩，以炫其考证之详，冗赘烦芜，趣题愈远，愈入歧途，致使学者读之，懵然不识所解者为何事，此则甚失解经之本旨矣。兹为便于初学计，选文三十一篇，撮取诸家疏解之不偏僻者注释之，并将先儒之讲《尚书》

学者，简略叙之，俾初学者，得了然知其源流焉。

《今文尚书》

汉文帝求能治《尚书》者，济南伏生年九十余，老不能行，诏使掌故臣晁错往受之，得二十九篇，谓之《今文尚书》。即夏侯胜、夏侯建、欧阳和伯所传及后汉末蔡邕所勒石经是也。建为胜从兄之子，故前汉立欧阳、大小夏侯氏学，博士习之。

《古文尚书》

汉武帝末，鲁恭王好治宫室，坏孔子旧宅，以广其居，于壁中得所藏古文虞、夏、商、周之书，及《传》《论语》《孝经》，皆科斗文字，无人能知，以所闻伏生之书，定其可知者，更以竹简写之，谓之《古文尚书》。孔安国授都尉朝子俊，俊授胶东庸生，庸生授胡常，常授徐敖，敖授王璜及涂恽，恽授桑钦及贾徽；同郡杜林亦传《古文尚书》，徽子逵为之作训，马融作传，郑玄作注，由是《古文尚书》遂显于世。

治《尚书》者之派别

自汉迄今，治《尚书》者不可胜纪，而其最著者，莫如汉之孔安国、贾逵、马融、郑玄。玄师祖孔学，而贱夏侯、欧阳。蜀汉时，王肃又善贾、马之学，而不好郑氏，专自立异，

原书绪言

与郑攻难。嗣后晋之郑冲、苏愉、梁柳、皇甫谧、臧曹、梅赜等，亦皆各有师承。隋初《尚书》之学，流于河朔，其为正义者，有蔡大宝、巢猗、费甝、顾彪、刘焯、刘炫；然焯喜穿穴，诡立新异；炫又好改前义，且辞亦过华。唐之孔颖达则因为孔氏之胤，故其疏一意尊崇孔《传》，阿曲牵强之处甚多。至宋蔡沈秉朱文公之学，作《书经集传》，始一洗汉唐以来注疏之习，不黏滞于考据，而于先圣之蕴奥精义，则颇多发明，故蔡《传》遂为通行之读本。清初治《尚书》者，如孙星衍、王鸣盛、阎若璩、段玉裁、江声、惠栋、胡渭、盛百二、焦循诸人，皆笃守汉人家法，专重训诂，于宋儒之学说，虽有精义者，亦一概摈斥不录；段玉裁则专依《说文》考异同，王鸣盛则又是马、郑而诋孔《传》，是皆不免于偏。近世如马抱润师之《尚书谊诂》，姚永朴之《尚书谊略》，均极精约，是皆博综众说有心得者也。

呜呼！治《尚书》者既如上所概述，解经之书，尤浩汗如海；虽各为门户所拘，然亦各有所长，是在学者平心衡之，毋为其偏见所惑，致失先圣经义之本义可耳。

叶玉麟
一九三三年五月

虞书

皋陶谟①

曰若稽古,②皋陶曰:"允迪厥德,谟明弼谐。"③禹④曰:"俞⑤,如何?"⑥皋陶曰:"都!⑦慎厥身,修思永,⑧

---

① 陶,yáo。皋陶,虞舜时臣名,亦作"咎繇"。谟,谋。此篇盖虞史叙其君臣之间,嘉言善政也。
② 曰若,发语词。稽,考察。史臣将叙皋陶之嘉言,故先言考古之皋陶,其言如下文所云。
③ 允,信。迪,dí,蹈,遵循。厥,其,指古之圣贤。弼,辅弼。谐,和谐。允迪厥德谟明弼谐,言为君者,信能遵行圣贤之德,则所谋者无不明,辅弼者无不和矣。
④ 禹,姓姒氏,鲧之子,受舜禅为天子,国号夏。
⑤ 俞,然,答应之辞。
⑥ 如何者,禹然其言,而复问其事如何践行。
⑦ 都,叹美之辞。
⑧ 慎厥身修思永,言慎修其身,而思为永久之道。

惇叙九族,^① 庶明励翼,^② 迩可远在兹。^③"禹拜昌言^④曰:"俞。"

皋陶曰:"都！在知人,在安民。"禹曰:"吁!^⑤咸^⑥若时^⑦,惟帝其难之,^⑧知人则哲,能官人;^⑨安民则惠,黎民怀之;^⑩能哲而惠,何忧乎驩兜^⑪？何迁乎有苗？^⑫何畏乎巧言令色孔壬？^⑬"

---

① 惇,dūn,敦厚。叙,次叙。九族者,高祖至玄孙间之亲;以自己为本位,直系亲则由己上推至四世之高祖,更由己下推至四世之玄孙为止;旁系亲则由己横推至三从兄弟而止。盖同为高祖四世之孙,故能厚叙九族,亲亲之道也。
② 庶,众。励,勉励。翼,拥戴。庶明励翼,言为上者能修身厚九族,则众人皆明晓上意,而各自勉励,翼戴上命矣。
③ 迩,近。兹,此。迩可远在兹,言行之于近,而可推之远者,在于此道。
④ 昌言,正当之言。禹美其言之当,故拜之。
⑤ 吁者,叹而未深然之辞。
⑥ 咸,皆。
⑦ 时,是,这。
⑧ 帝,谓尧。惟帝其难之,言帝尧亦以知人安民为难事。
⑨ 哲,智。有知人之智,故能任用人。
⑩ 惠,爱。怀,归。言能惠爱安民,则民自归附之。
⑪ 驩兜,尧时臣名,与共工比周为恶,尧放之于崇山。按:崇山在今湖南省张家界市西南。
⑫ 迁,窜,放逐。有苗,国名,即三苗,恃险为乱,尧窜之于三危。按:三危,山名,在今甘肃省敦煌市南。
⑬ 巧言,谓文饰不实之言。令,善。令色,谓善其颜色以媚人者。孔,大。壬,佞。孔壬,谓大奸佞。

虞书

皋陶曰:"都!亦行有九德。①亦言其人有德,乃言曰:'载采采。'②"禹曰:"何?"皋陶曰:"宽而栗,③柔而立,④愿而恭,⑤乱而敬,⑥扰而毅,⑦直而温,⑧简而廉,⑨刚而塞,⑩强而义。⑪彰厥有常,吉哉!⑫

① 亦,总体,大凡。亦行有九德者,总言德之见于行者有九。
② 载,行。采,事。亦言其人有德乃言曰载采采者,盖言其人有德,必言其所行某事某事以为验。按:《论语·卫灵公》曰:"如有所誉者,其有所试矣。"是视其所行之事,以验其德。
③ 宽,谓度量宽宏。栗,庄严。宽宏者多失于缓慢,故性宽宏而能严栗,乃为一德。
④ 柔,谓性行柔顺。立,树立。柔顺者多失于懦弱,故性柔顺而能树立,乃为一德。
⑤ 愿,谨慎。谨愿者多失于迟钝,貌或不恭;故谨愿而能恭恪,乃为一德。
⑥ 乱,治。负才轻物,人之常性;故有治才而能敬畏,乃为一德。
⑦ 扰,顺。能致果敢曰毅。和顺者多失于不断,故顺而能毅然有决断者,乃为一德。
⑧ 直,谓行正直。直者多欠于温婉,故行正直而能温和,乃为一德。
⑨ 简,谓简易率略。廉,谓廉隅。简易者多忽于细行,故简而能有廉隅,乃为一德。按:廉隅者,品行方正,坚有节操之谓,犹器之有棱角。
⑩ 刚,谓事理刚断。塞,笃实。刚断者多失于空疏,故必刚而能笃实,乃为一德。
⑪ 强,谓不屈挠。强者或任情违理,失于事宜;故强而能合乎道义,乃为一德。
⑫ 彰,明。吉,善。彰厥有常吉哉,言人君用人,能明其九德有常,然后官之,则善矣。

"日宣三德，夙夜浚明有家。① 日严祗敬六德，亮采有邦。② 翕受敷施，③ 九德咸事。④ 俊乂⑤在官，百僚⑥师师⑦，百工惟时，⑧抚于五辰，庶绩其凝。⑨

"无教逸欲有邦，⑩兢兢业业，⑪一日二日万几。⑫

---

① 宣，布。三德，谓九德之中有其三。夙夜，早晚。浚，治。有家，指卿大夫而言。此言人能日日宣布三德，早晚治之使愈明，则此人可以为卿大夫，使有家邑。
② 祗，zhī，敬。六德，谓九德之中有其六。亮，信。有邦，指诸侯而言。此言若日日严敬其身，又敬行六德，信能治理其事，则此人可以为诸侯，使有邦国。
③ 翕，xī，合。敷，布。翕受敷施，言合受三德六德而用之，以布施政教。
④ 九德咸事，言使九德之人皆用事。
⑤ 才德过千人为俊，过百人为乂。
⑥ 百僚，百官。
⑦ 师师，谓各师其师，转相教诲。
⑧ 百工，亦百官。百工惟时，言百官皆及时以趋事。按：蔡沈《集传》曰："言其人之相师，则曰百僚；言其人之趋事，则曰百工；其实一也。"
⑨ 抚，顺。五辰，谓五行之时，即四季。木火金水旺于四时，而土则寄旺于四季。绩，功。凝，成。此言百官顺于趋时，则众功皆成矣。校订者按：周秉钧《尚书易解》云，五辰谓北辰，其星有五，故谓之五辰。《尔雅·释天》："北极谓之北辰。"郭璞注："北极，天之中，以正四时。"
⑩ 无，通"毋"，禁止之辞。逸欲，谓逸豫贪欲。此言天子宜率下以勤俭，不可以逸豫贪欲导诸侯。
⑪ 兢兢，戒慎。业业，危惧。
⑫ 一日二日，犹言日日。几，微。此言天子当日日戒慎危惧于万事细微之几。

虞书

无旷庶官,① 天工人其代之。②

"天叙有典,敕我五典五惇哉。③ 天秩有礼,自我五礼有庸哉。④ 同寅协恭和衷哉。⑤ 天命有德,五服五章哉。⑥ 天讨有罪,五刑五用哉。⑦ 政事懋⑧哉懋哉!

"天聪明,自我民聪明;⑨ 天明畏,自我民明威。⑩

---

① 旷,废。言毋任非其才,使众官旷废其职守。
② 天工人其代之,言此庶官乃代天理事,故不可不慎其人。
③ 典,常。五典,即父子有亲,君臣有义,夫妇有别,长幼有序,朋友有信,五常是也。敕,正。言天既次叙人伦,各有常性,为君者当顺应天意,敕正我五常之教,使五者皆厚,以化天下。
④ 秩,序。自,用。五礼,孔《传》为公、侯、伯、子、男五等之礼。王肃云:"五礼,谓王、公、卿、大夫、士。"郑康成云:"五礼,天子也,诸侯也,卿大夫也,士也,庶民也。"此皆无文可据,各以其意说耳。此言天又秩序爵命,使有礼法,故人君当用我五等之礼接之,使皆有常。
⑤ 寅,敬。协,合。衷,善。言君臣当同敬合恭,和衷共善。
⑥ 五服,谓天子、诸侯、卿、大夫、士五等服。章,明。言天又命用有九德者居官,则为五等之服以显明之。
⑦ 讨,诛。五刑,墨、劓、剕、宫、大辟。言天诛讨有罪之人,则用五等之刑以惩之。按:古时五刑,墨刑刺字于额,涅之以墨;劓刑割鼻;剕刑刖足;宫刑男子割势,女子幽闭;大辟,死刑。
⑧ 懋,mào,勉励。
⑨ 天聪明两句,言天之聪明,非有视听,因我民之视听,以为聪明。
⑩ 威,古文作"畏",二字古通用。明畏,谓显其善,威其恶。天明畏两句,言天之显善威恶,非有好恶也,因民之好恶以为明威也。

达于上下①,敬哉有土②。"

皋陶曰:"朕言惠,可厎行。"③禹曰:"俞,乃言厎可绩。④"皋陶曰:"予未有知,思日赞赞襄哉。⑤"

---

① 上下,谓上天下民。
② 有土,指有土之君而言。
③ 朕,我,注详《汤誓》。惠,顺。皋陶谓我所言顺于理,可致之行。
④ 乃言厎可绩,谓用汝之言,可立功也。
⑤ 赞赞,赞助。襄,成。思日赞赞襄哉,言惟思日日赞助于帝,以襄成其治而已。此皋陶谦辞。

夏书

甘誓①

大战于甘，乃召六卿。②

王曰："嗟！③六事之人，④予誓告汝。

---

① 甘，地名，有扈氏国之南郊，在今陕西省户县之西。夏王启之时，诸侯有扈氏叛，王命率众亲征之，有扈氏发兵拒启，启与战于甘地之野。将战，集将士而誓戒之，史叙其事，作《甘誓》。按：约信曰誓，将与敌战，恐其损败，先与将士设约，以示赏罚之信。校订者按：据顾颉刚考证，甘在今河南省洛阳市西南。
② 六卿，六乡之卿。按：《周礼·乡大夫》每乡卿一人，六乡六卿，平居无事，则各掌其乡之政教禁令，而属于大司徒；有事出征，则各率其乡之一万二千五百人，而属于大司马，所谓军将皆卿者是也。夏时制度亦如此。
③ 嗟，叹辞。重其事，故嗟叹而呼之。
④ 不言六卿，而言六事之人者，言军吏，下及士卒，非只六卿而已。六卿之身，及所部之人，各有军事，故总呼为六事之人。

"有扈氏①威侮五行,②怠弃三正,③天用剿绝其命,④今予惟恭行天之罚。⑤

"左⑥不攻⑦于左,汝不恭命;右⑧不攻于右,汝不恭命;御非其马之正,⑨汝不恭命。

"用命,赏于祖;⑩不用命,戮⑪于社,⑫予则孥

---

① 有扈氏,夏同姓之诸侯。
② 威,暴殄之也。侮,慢。五行,水火木金土;在人为仁义礼智信,即五常是也。威侮五行,谓暴殄侮慢此五常而不行。
③ 怠,惰。弃,废。三正,即天、地、人三才之道。人生天地间,莫不法天地而行事,怠弃三正,言其怠惰废弃天地人之正道。
④ 剿,jiǎo,截,有斩断之意。绝,灭。有扈氏既有大罪,故原天之意,言天因其失道之故,欲截绝其命而灭之。
⑤ 恭,奉。天子用兵称恭行天罚,表示有所禀承,不敢专断。
⑥ 左,车左,左方主射。
⑦ 攻,治,治其职掌。
⑧ 右,车右;勇力之士,执戈矛以退敌者。
⑨ 御以正马为政,主进退者也。古者车战之法,甲士三人,一居左以主射,一居右以主击刺,御者居中,以主马之驰驱。左右与御三者不奉命,皆足以致败,故各指其人而责其事,欲其各尽职而不敢怠忽。
⑩ 古者天子亲征,必载迁庙之祖主(即宗庙之神主)以行,有功则赏于祖主之前,以示不专。
⑪ 戮,lù,杀。
⑫ 天子亲征,又载社稷之主以行,凡不用命奔北者,则杀之于社主之前,社主阴,阴主杀。

夏书

孥汝!"①

五子之歌②

太康③尸位④,以逸豫⑤灭厥⑥德,黎民⑦咸贰⑧,乃盘游无度,⑨畋⑩于有洛⑪之表⑫,十旬弗反。⑬有穷后

---

① 孥,nú,子。言若不用命,非但戮及汝身,将并汝子亦杀之。校订者按:颜师古《匡谬正俗》卷二曰:"孥戮者,或以为奴,或加刑戮,无有所赦耳。此非孥子之孥。"颜说是。孥,通"奴",使受刑为罪隶之意。
② 五子,太康之弟。太康失国,其弟五人与其母待太康于洛水之北,怨其不反,各自作歌,史叙其事,作《五子之歌》。
③ 太康,夏启之子。
④ 尸位,谓如祭祀之尸,居其位而不为其事,如古人所谓尸禄尸官者也。按:古者祭祀皆有尸以依神,以卑幼者为之,及后世始用画像。
⑤ 逸,安逸。豫,乐。
⑥ 厥,其。
⑦ 黎,众。又,黎,黑色,黎民即黔首之意。
⑧ 咸贰,谓皆有二心。
⑨ 盘游无度,谓盘乐游逸,无节度。
⑩ 畋,tián,田猎。
⑪ 洛,水名,出陕西省洛南县西北冢岭山,东流入河南省,经卢氏、永宁,又东北经宜阳、偃师、巩义,纳涧、瀍、伊诸水,至洛口入于黄河。
⑫ 表,外。有洛之表,指洛水之南。
⑬ 旬,十日。十旬,即百日。按:畋于有洛之表,言其田猎之远;十旬弗反,言其盘游之久。

羿，①因民弗忍，距于河。②

厥弟五人，御③其母以从，徯④于洛之汭⑤，五子咸怨，⑥述大禹之戒以作歌。⑦

其一曰："皇祖⑧有训⑨：民可近⑩，不可下⑪，民惟邦⑫本，本固邦宁。予视天下愚夫愚妇，一能胜予。⑬一人三失⑭，怨岂在明，不见是图。⑮予临兆

① 有穷，国名。羿，yì，有穷国君之名，善射。
② 因民弗忍距于河，谓羿因民不堪命，距太康于河，使不得返，遂废之。
③ 御，侍。
④ 徯，xī，等待。
⑤ 汭，ruì，水之隈曲处。
⑥ 怨，如《孟子》所谓《小弁》之怨，亲亲也。《小弁》之诗，父子之怨；五子之歌，兄弟之怨。亲之过大而不怨，是愈疏也。五子因太康久畋失国，宗庙社稷危亡，不可救，母子兄弟离散之不可保，故怨。
⑦ 述，循。推其亡国败家之由，皆原于荒弃皇祖大禹之训，故循其所戒以作歌。
⑧ 皇，大。皇祖，即大禹。
⑨ 训，教诲，言之可为法则者曰训。
⑩ 近，谓亲近。
⑪ 下，谓卑下，轻忽之也。
⑫ 邦，国。
⑬ 予，五子自称。视愚夫愚妇皆能胜我，言能畏敬小民。
⑭ 三失，言其过非一，所失众也。
⑮ 言民心怨背，岂待其彰著而后知之，必于事几未形之日，思善道而图之。

夏书

民①,懔乎②若朽索③之驭六马!④为人上者,奈何不敬。"

其二曰:"训有之:⑤内作色荒,⑥外作禽荒,⑦甘酒嗜音,⑧峻⑨宇⑩雕⑪墙。有一于此,未或不亡!⑫"

其三曰:"惟彼陶唐⑬,有此冀方。⑭今失厥道,乱其纪纲⑮,乃底⑯灭亡。"

其四曰:"明明⑰我祖⑱,万邦之君,有典有

---

① 兆民,即众民,百万为兆。
② 懔,lǐn。懔乎,心惧之意。
③ 朽,腐。朽索,喻其易绝。
④ 驭,同"御",驾驭。按:朽索驭六马,喻其事危惧之甚。
⑤ 此亦禹之训。
⑥ 作,为。荒者,迷乱之谓。色荒,谓惑于嬖宠。
⑦ 禽荒,谓耽于游畋。按:《老子》云:"驰骋田猎,使人心发狂。"好色好田,则精神迷乱,故曰荒。
⑧ 甘、嗜,皆无厌足之谓。
⑨ 峻,高大。
⑩ 宇,栋宇。
⑪ 雕,绘饰。
⑫ 有一于此未或不亡,言六者有其一,皆足以致灭亡。
⑬ 陶唐,尧初为唐侯,后为天子,都陶,故曰陶唐。按:唐,即今河北省唐县。
⑭ 尧、舜、禹都城皆在冀州,故曰有此冀方。
⑮ 纪纲,谓典章法制。
⑯ 底,致。
⑰ 明明,谓明而又明。
⑱ 我祖,即大禹。

则,^① 贻^②厥子孙。关石和钧,^③ 王府则有。荒^④坠^⑤厥绪^⑥,覆宗绝祀。^⑦"

其五曰:"呜呼曷归!^⑧ 予怀之悲。万姓仇^⑨予^⑩,予将畴^⑪依?郁陶^⑫乎予心,颜厚^⑬有忸怩^⑭。弗慎厥德,虽悔可追?^⑮"

---

① 典,谓经籍典章。则,谓法则。
② 贻,遗留。
③ 关,通。和,平。三十斤为钧,四钧为石。关石和钧,言关通度量衡之用,使之和平。按:《论语·颜渊》云:"百姓足,君孰与不足。"民既足用,则官亦富饶,故通用之,使和平,则官民皆足矣。
④ 荒,废。
⑤ 坠,失。
⑥ 绪,事业。
⑦ 覆宗绝祀,谓覆灭宗族,断绝祭祀。
⑧ 呜呼,叹辞。曷,何。呜呼曷归,叹息无地之可归。
⑨ 仇,怨。
⑩ 仇予之予,指太康。指太康而谓之予者,不忍斥言,忠厚之至也。
⑪ 畴,谁。
⑫ 郁陶,哀思。
⑬ 颜厚,谓羞愧之情见于颜色。
⑭ 忸怩,niǔní,羞不能言,心惭之状。
⑮ 虽悔可追,言虽欲改悔,其可追及乎?

夏书

胤征①

惟仲康②肇位③四海，胤侯命掌六师④。羲、和废厥职，酒荒⑤于厥邑⑥，胤后⑦承⑧王命徂⑨征。

告于众曰："嗟予有众，圣有谟训，明征定保。⑩先王克谨天戒，⑪臣人克有常宪⑫，百官修

---

① 胤，yìn，国名。奉辞伐罪曰征，征者，正也。伐之以正其罪也。羲氏、和氏世掌天地四时之官，自唐虞至三代，世职不绝，承太康之后，沉湎于酒，过差非度，废天时，乱甲乙，胤国之侯，受王命往征之，史叙其事，作《胤征》。
② 仲康，太康之弟。
③ 肇，zhào，始。肇位者，即位之始也。
④ 六师，谓天子之六军。命掌六师者，命为大司马也。按：《周礼·司马》："凡制军，万有二千五百人为军。王六军，大国三军，次国二军，小国一军。"
⑤ 荒，注见《五子之歌》。
⑥ 大夫之采地曰邑，此邑即羲和之私邑。
⑦ 胤侯称胤后者，诸侯入为王朝公卿，如禹稷伯夷谓之后也。
⑧ 承，奉。
⑨ 徂，往。
⑩ 征，验。保，安。明征定保者，言圣人之谟训，明有征验，可以定安邦国。
⑪ 克，能。天戒，谓日食灾异之类。谨者，恐惧修省，以消变异也。
⑫ 宪，法。常宪者，奉法修职，以供乃事也。

辅①,厥后惟明明②。

"每岁孟春③,遒人④以木铎⑤徇⑥于路,官师相规,⑦工⑧执艺事以谏,其或不恭⑨,邦有常刑。

"惟时羲和,颠覆⑩厥德,沉乱⑪于酒,畔官⑫离次⑬,俶扰天纪,⑭遐弃厥司。⑮乃季秋⑯月朔⑰,辰弗集

---

① 修辅者,谓修其职以辅其君。
② 明明,注见《五子之歌》。
③ 孟,始。春季之首月为孟春,即阴历正月。
④ 遒,qiú。遒人,宣令之官。
⑤ 铎,duó,大铃,其匡以铜为之,木舌者为木铎,施政教时振以警众。《周礼》:小宰之职,正岁,帅治官之属,徇以木铎曰:"不用法者,国有常刑。"亦此意。
⑥ 徇,xùn,巡。
⑦ 官师相规,官以职言,师以道言,相规云者,相教诲也。
⑧ 工,百工。
⑨ 《孟子·离娄》曰:"责难于君谓之恭。"官师百工不能规谏,是谓不恭。
⑩ 颠覆,言反倒、败坏。
⑪ 沉乱者,沉迷昏乱也。
⑫ 畔官者,谓违叛其所掌之职。
⑬ 次,位。离次者,谓离其所居之位。
⑭ 俶,chù,始。扰,乱。天纪者,岁月日星辰历数也。盖自尧舜命羲和历象日月星辰之后,为羲和者,世守其职,未尝紊乱,至是始乱其天纪,故曰俶扰天纪。
⑮ 遐,xiá,远。遐弃厥司,谓远弃其所司之事。
⑯ 季,末。秋季之第三月为季秋,即阴历九月。
⑰ 日月相会曰朔,约在阴历每月初一日前后,故谓初一日为朔。

于房。①瞽奏鼓,②啬夫驰,庶人走。③羲和尸厥官④,罔⑤闻知,昏迷于天象,以干⑥先王之诛⑦。政典⑧曰:'先时者杀无赦!不及时者⑨杀无赦!'

"今予以尔有众,奉将⑩天罚。尔众士同力王室,尚弼⑪予钦承天子威命。火炎昆冈,⑫玉石俱焚;天吏逸德,烈于猛火。⑬歼厥渠魁,⑭胁从⑮罔治;旧

---

① 辰,日月交会之所,房所次之宿。集,《汉书》作"辑"。辰弗集于房者,言日月会次,不相和辑,而掩蚀于房宿也。校订者按:辰弗集于房,谓发生日食。
② 瞽,乐官,以其无目而审于音也。奏,进。古者凡日食,天子伐鼓于社。
③ 啬,sè。啬夫,小臣。庶人,众人之在官者。曰驰曰走者,以见其助救日之急也。
④ 尸厥官,犹言尸位,注见《五子之歌》。
⑤ 罔,无。
⑥ 干,犯。
⑦ 诛,罚。
⑧ 政典,先王政治之典籍。
⑨ 不及时者,谓历象后于天时。
⑩ 将,行。
⑪ 弼,注见《皋陶谟》。
⑫ 炎,焚。山脊曰冈,昆冈即昆仑,产玉。
⑬ 天吏,天王之吏。逸,过。此言天吏苟有过逸之德,不择人之善恶而戮之,其害甚于猛火之不辨玉石也。
⑭ 歼,jiān,尽杀之。渠,大。魁,首领。歼厥渠魁,言但诛其首恶而已。
⑮ 胁从,谓被胁迫附和之人。

染污俗，咸与惟新。①

"呜呼！威克厥爱，允济；爱克厥威，允罔功。②其尔众士懋戒哉！"

---

① 咸与惟新，言皆赦免，使改过自新，一无所问也。
② 威者，严明之谓。爱者，姑息之谓。克，胜。允，信。《记》曰："军旅主威。"盖军法不可以不严，故严明胜，则信其事之必济；姑息胜，则信其事之无功也。

商书

汤誓 ①

王曰:"格②尔③众庶,悉④听朕⑤言。非台⑥小子,敢行称乱⑦。有夏⑧多罪,天命殛⑨之。

"今尔有众⑩,汝曰:'我后⑪不恤⑫我众,舍⑬我

---

① 汤,商王谥号;姓子氏,名履。夏桀暴虐,汤往征之,亳众惮于征役,故汤谕以吊伐之意,盖师兴之时,誓于亳都者也。
② 格,至,来。
③ 尔,汝。
④ 悉,皆。
⑤ 朕,我。古者贵贱皆自称朕,秦始定为皇帝自称之辞。
⑥ 台,yí,我。下同。
⑦ 称,举。称乱,谓以诸侯举乱伐天子。
⑧ 有夏,指桀而言。
⑨ 殛,jí,诛杀。
⑩ 尔有众,即汝辈之谓。
⑪ 我后,即我君,指桀。
⑫ 恤,怜悯。
⑬ 舍,shě,废。

穑事①而割正夏。②'予惟闻汝众言,夏氏有罪,予畏上帝③,不敢不正。④

"今汝其曰:夏罪其如台。⑤夏王率遏众力,⑥率割夏邑,⑦有众率怠弗协,⑧曰:'时日曷丧?予及汝皆亡!'⑨夏德若兹⑩,今朕必往。

"尔尚辅⑪予一人,致天之罚,予其大赉⑫汝。尔无不信,朕不食言⑬。尔不从誓言,予则孥戮汝,

---

① 穑,sè,谷可收曰穑。穑事,即农事。
② 正,政。舍我穑事而割正夏,言夺我农功之业,为割剥之政于夏邑。
③ 上帝,谓上天之命。
④ 不敢不正,言不敢不正桀之罪而伐之。
⑤ 夏罪其如台,谓桀之罪,如我誓所述。校订者按:如台,即如何。此句乃汤设问之辞。言夏桀之罪如何。
⑥ 遏,绝。夏王率遏众力,言桀君臣相率为劳役之事,以绝众民之力。
⑦ 率割夏邑,谓又相率为割剥之政于夏邑。
⑧ 协,和。有众率怠弗协,言民众因上驭之非道,故亦相率怠惰,不与上和协。
⑨ 时,是。夏民疾视其君,比桀于日,曰:是日何时而丧邪?若亡,吾宁与之俱亡。按:桀常自言,吾有天下,如天之有日,日亡,吾乃亡耳。故民因以日目之。
⑩ 兹,此。
⑪ 辅,助。
⑫ 赉,lài,赏赐。
⑬ 食言,谓行不顾言;盖犹言已出而反吞之。故通谓伪言为食言。

罔①有攸②赦③！"

汤诰④

王归自克夏，至于亳⑤，诞⑥告万方。

王曰："嗟！尔万方有众，明听予一人⑦诰。惟皇⑧上帝⑨，降衷于下民。⑩若有恒性，克绥厥猷惟后。⑪

"夏王灭德作威，⑫以敷虐⑬于尔万方百姓，尔万

---

① 罔，wǎng，无。
② 攸，所。
③ 赦，赦免。
④ 上告下曰诰，又《周礼·士师》云："以五戒先后刑罚，……一曰'誓'，用之于军旅；二曰'诰'，用之于会同；……"盖于会所设言以诰众也。汤归于亳，诸侯来朝，汤以伐桀大义诰示天下，史录其事，作《汤诰》。
⑤ 亳，bó，汤所都，在今河南省商丘市。
⑥ 诞，dàn，大。
⑦ 天子自称曰予一人。
⑧ 皇，大。
⑨ 上帝，即指天。
⑩ 衷，中。降衷于下民，谓天生万民，与之五常之性，使有仁义礼智信，无所偏倚。
⑪ 若，顺。恒，常。恒性，即仁义礼智信之理，与心俱生，所谓常性是也。克，能。绥，安。猷，道。谓顺民有常之性，能安立其道教，则是为君之道。
⑫ 言夏桀灭道德，作威刑。
⑬ 敷，布。敷虐，谓布行虐政。

方百姓，罹①其凶害，弗忍②荼毒③，并告无辜④于上下神祇。⑤天道福善祸淫，降灾于夏，以彰⑥厥罪。

"肆⑦台小子，将天命明威，不敢赦。⑧敢用玄牡⑨，敢昭⑩告于上天神后，请罪有夏，⑪聿⑫求元圣⑬，与之戮力⑭，以与尔有众请命。

"上天孚⑮佑⑯下民，罪人黜伏。⑰天命弗僭，⑱

---

① 罹，lí，遭受。
② 弗忍，谓不能堪忍。
③ 荼，tú，苦菜，故假之以言人苦。毒，谓蜇人之虫蛇，是人类之所苦。故并言荼毒，即以谕苦。
④ 无辜，无罪。
⑤ 上下，指天地而言。地之神曰祇。此言百姓向天地鬼神称冤。
⑥ 彰，揭明。
⑦ 肆，故。
⑧ 不敢赦，谓不敢赦桀之罪。
⑨ 玄，黑色。牡，祭祀所用牺牲。夏尚黑，是时犹未变夏礼，故用玄牡。
⑩ 昭，明。
⑪ 请罪有夏，谓问桀百姓有何罪而虐之？校订者按：罪有降罪、惩治之义。请罪有夏，意谓请上天神后惩治夏桀之罪。
⑫ 聿，yù，遂。
⑬ 元，大。元圣，指伊尹而言。
⑭ 戮力，勉力，合力。戮，通"勠"。
⑮ 孚，信。
⑯ 佑，助。
⑰ 黜，chù，废。罪人黜伏，言夏桀废窜而屈伏。
⑱ 僭，差。天命弗僭，言天道福善祸淫不差。

贲①若草木,兆民允殖。②

"俾③予一人辑宁④尔邦家,兹朕未知获戾于上下,⑤栗栗⑥危惧,若将陨⑦于深渊!

"凡我造邦⑧,无从匪彝⑨,无即慆淫,⑩各守尔典⑪,以承天休⑫。

"尔有善,朕弗敢蔽⑬;罪当朕躬,弗敢自赦,惟简在上帝之心。⑭其尔万方有罪,在予一人;予一人有罪,无以尔万方。

---

① 贲,bì,饰,光明灿焕貌。
② 允,信。殖,生。盖谓大恶既除,天下焕然,若草木之敷荣,兆民信乎乐生也。
③ 俾,使。
④ 辑,和。宁,安。
⑤ 兹,此。戾,罪。兹朕未知获戾于上下,谓此我未知得罪于天地否,盖谦辞。
⑥ 栗栗,畏惧貌。
⑦ 陨,yǔn,坠落。
⑧ 造邦者,谓新造之邦。
⑨ 匪,非。彝,yí,法。匪彝,指法度言。
⑩ 即,就。慆,tāo,慢。慆淫,指逸乐言。
⑪ 典,常法。
⑫ 休,美善,喜庆。
⑬ 蔽,掩饰。
⑭ 简,阅。简在上帝之心,言上天简阅其善恶。

"呜呼！尚克时忱，乃亦有终。"①

咸有一德②

伊尹③既复政厥辟，④将告归⑤，乃陈戒于德⑥。

曰："呜呼！天难谌⑦，命靡常。⑧常厥德，保厥位。厥德匪常，九有⑨以亡。

"夏王弗克庸⑩德，慢神虐民。皇天弗保，监于万方，启迪有命，⑪眷求一德，俾作神主。⑫惟尹躬暨⑬

---

① 忱，诚。言庶几能是诚道，乃亦有终世之美。
② 一德，纯一之德。一者精粹无杂，终始不息之谓。太甲既归于亳，伊尹致仕而退，恐太甲德不纯一，及任用非人，故作此篇以戒之，亦训体也。史氏取其篇中"咸有一德"四字以为篇目。
③ 伊尹，商之贤相，姓伊，字尹，名挚。
④ 辟，君。复政厥辟，谓还政于太甲。
⑤ 告归，告老归私邑。
⑥ 陈戒于德，陈德以戒其君。
⑦ 谌，chén，信。
⑧ 靡，无。此言天之难信，以其命之不常也。
⑨ 九有，九州。
⑩ 庸，用。
⑪ 监，视。启，开。迪，导。此言天不安桀之所为，广视万方有天命者，开导之也。
⑫ 神主，百神之主。言天求有一德之人，使伐桀，为天地百神之主。
⑬ 暨，及。

汤，咸有一德，克享①天心，受天明命，以有九有之师②，爰③革④夏正。⑤

"非天私我有商，惟天佑于一德；非商求于下民，惟民归于一德。德惟一，动罔不吉；德二三⑥，动罔不凶。惟吉凶不僭，在人；⑦惟天降灾祥，在德。⑧

"今嗣王新服厥命，⑨惟新厥德；终始惟一，⑩时乃日新。任官惟贤才⑪，左右⑫惟其人。臣为上为德，为下为民，⑬其难其慎，惟和惟一。⑭

① 享，当。
② 师，众。
③ 爰，yuán，于是之意。
④ 革，改。
⑤ 夏以寅为正月，商以丑为正月，此谓改夏建寅之正，而为建丑之正。
⑥ 二三，言杂而不一。
⑦ 吉凶为已成之事，指人而言，故曰在人；在人，谓人行有善与不善。
⑧ 灾祥为未来之兆，行之所招，故言在德；在德，谓德有一，与德二三也。
⑨ 嗣王，太甲。新服厥命，谓新服天子之命。
⑩ 终始惟一，言德行始终，则有常而不衰。
⑪ 贤者，有德之称。才，能。
⑫ 左右，辅弼大臣之谓。
⑬ 臣为上为德两句，言为臣者，职当奉上布德，顺下训民，故不可任非其人。
⑭ 惟和惟一，言群臣宜和协，共秉一心以事君。

"德无常①师②,主善为师;善无常主,协于克一。③俾万姓咸曰:'大哉,王言!'又曰:'一哉,王心!'④克绥先王之禄⑤,永⑥底⑦烝民⑧之生。

"呜呼!七世之庙,可以观德;⑨万夫之长,可以观政。⑩后非民罔使,民非后罔事。⑪无⑫自广⑬以狭人⑭,

---

① 无常,不可执一之谓。
② 师,法。
③ 协,合。一,一德。协于克一,言以合于能一,为常德也。
④ 一哉王心者,能一德则一心也。
⑤ 禄者,先王所守之天禄也。
⑥ 永,长久。
⑦ 底,致。
⑧ 烝,众。烝民犹言众民。
⑨ 天子七庙,三昭三穆,与太祖之庙而为七,七庙亲尽则迁,必有德之祖,其庙则不祧毁,故曰七世之庙可以观德。按:古宗庙之制,太祖之庙居中,二世四世六世居于左,谓之昭;三世五世七世居于右,谓之穆。
⑩ 天子居万民之上,必政教深服乎人心,而后万民悦服,故曰万夫之长可以观政。
⑪ 君以使民自尊,故君非有民使不可;民以事君自生,故民非事君不可。此申言君民之相须者如此,盖欲太甲之不敢怠忽也。
⑫ 无,通"毋"。
⑬ 自广,即自大。
⑭ 狭,小。狭人,谓轻视狭小他人。

匹夫匹妇,① 不获自尽,② 民主③ 罔与成厥功。"

说命上 ④

王⑤宅忧⑥,亮阴⑦三祀⑧。既免丧,其惟弗言。⑨群臣咸谏于王曰:"呜呼!知之曰明哲,明哲实作则。⑩天子惟君万邦,百官承式,⑪王言惟作命,不言,臣下罔攸禀⑫令。"

---

① 匹夫匹妇,谓庶民。
② 不获自尽,谓不得自尽其意。
③ 民主,即人主。
④ 说,yuè。《说命》,记殷高宗命傅说之言。后世命官制词,其源盖出于此。凡三篇,上篇记得说命相之辞;中篇记说为相进戒之辞;下篇记说论学之辞,王又励说以伊尹之功。
⑤ 王,殷高宗武丁,盘庚弟小乙之子。按:德高可尊,故曰高宗。
⑥ 宅忧,谓居丧。
⑦ 亮,亦作"谅"。阴,古作"暗"。蔡沈《集传》谓谅古作"梁",楣谓之梁。暗,庐,即倚庐之庐。宅忧亮阴,言宅忧于梁暗也。又孔《传》:"阴,默也。居忧信默三年不言。"
⑧ 祀,年,殷人谓年曰祀。
⑨ 既免丧其惟弗言,除丧后犹不言政。
⑩ 明哲实作则,言明智者能制作法则。
⑪ 百官承式,言百官皆仰承法令。
⑫ 禀,bǐng,受命曰禀。

书经

王庸作书以诰①曰:"以台②正于四方,台恐德弗类,③兹故弗言。恭默思道,④梦帝赉予良弼⑤,其代予言。"

乃审⑥厥象,俾以形,⑦旁求⑧于天下,说筑傅岩之野,⑨惟肖。⑩

爰立作相,王置诸其左右,⑪命之曰:⑫"朝夕纳诲,⑬以辅台德!若金,用汝作砺;⑭若济⑮巨川,⑯用

---

① 高宗用作书,告喻群臣以不言之意。
② 台,yí,我,武丁自称。
③ 恐德弗类,谓恐德不类前人。又,类,善。弗类,亦作不善解。
④ 恭默思道,谓恭敬渊默,以思治道。
⑤ 良弼,贤良辅弼。
⑥ 审,详察。
⑦ 俾以形,即绘其形象。
⑧ 旁求者,言求之非一方。
⑨ 傅氏之岩,在虞虢之界,通道所经,有涧水坏其道,常使胥靡刑人,筑护此道。说贤而隐,代胥靡筑之,以供食用。今山西省平陆县东有圣人窟,即说版筑处。按:胥,相。靡,随。胥靡,古者相随坐之轻刑。
⑩ 肖,xiào,似。似所梦之形象。
⑪ 置诸左右,盖以冢宰兼师保。
⑫ 此下命说之辞。
⑬ 朝夕纳诲者,言无时不进善言。
⑭ 金,金属。砺,lì,磨石,细者为砥,粗者为砺。
⑮ 济,渡。
⑯ 巨川,大水。

汝作舟楫①；若岁大旱，用汝作霖雨②。

"启乃心，沃朕心。③若药弗瞑眩④，厥疾弗瘳⑤；若跣弗视地，厥足用伤。⑥

"惟暨乃僚⑦，罔不同心，以匡⑧乃辟⑨，俾率先王，⑩迪我高后，⑪以康⑫兆民。

"呜呼！钦⑬予时命⑭，其惟有终。"

说复于王曰："惟木从绳则正，后从谏则圣。

---

① 楫，jí，桨。
② 凡雨自三日以往为霖。
③ 沃，灌溉。启乃心沃朕心者，谓开汝心之所有，以灌溉我心而滋润之。盖欲以彼所见，教己未知故也。
④ 瞑，miàn。眩，xuàn。凡药之攻病，先使人瞑眩。瞑眩者，令人目眩烦闷之意。
⑤ 瘳，chōu，病愈。
⑥ 跣，xiǎn，不着履，以足履地。此两句盖意欲使说为己视听也。
⑦ 同官曰僚。
⑧ 匡，正。
⑨ 辟，君。
⑩ 率，循。俾率先王，言使循先王之道。
⑪ 迪，蹈。高后谓成汤。迪我高后，言蹈成汤之迹。
⑫ 康，安。
⑬ 钦，敬。
⑭ 时命，犹是命，即上文所命者。

后克圣，臣不命其承，①畴②敢不祇③若④王之休命。"

说命中

惟说命总百官，⑤乃进于王曰："呜呼！明王奉若天道，建邦设都，树⑥后王⑦君公⑧，承以大夫师长，不惟逸豫，惟以乱民。⑨

"惟天聪明，惟圣时宪；⑩惟臣钦若，惟民从乂⑪。惟口起羞，⑫惟甲胄起戎，⑬惟衣裳在

---

① 后克圣两句，言君能从谏，臣虽未受命，犹且承其意而谏之。
② 畴，谁。
③ 祇，敬。
④ 若，顺。
⑤ 说受命总百官之职，谓在冢宰之职任。
⑥ 树，立。
⑦ 后王，谓天子。
⑧ 君公，谓诸侯。
⑨ 乱，治，治乱曰乱。不惟逸豫惟以乱民，言君臣之制，非为一人逸豫之计而已，惟欲以治民耳。
⑩ 宪，法。言圣王法天之聪明以立教。
⑪ 乂，治。
⑫ 惟口起羞，言由口出，言语所以文身，轻出则起羞辱之患。此言不可轻出教令也。
⑬ 甲，铠。古时战争着之以御兵刃者，用革或铁叶为之，其制不一，常重至四五十斤。胄，zhòu，兜鍪。此言甲胄所以卫身，轻动则将起戎兵之忧。

笥,①惟干戈省厥躬,②王惟戒兹,允兹克明,乃罔不休。③

"惟治乱在庶官。④官不及私昵⑤,惟其能;⑥爵⑦罔及恶德⑧,惟其贤⑨。

"虑善⑩以动,动惟厥时。有其善,丧厥善;矜其能,丧厥功。⑪惟事事⑫乃其有备,有备无患。

---

① 笥,sì,竹器,圆者曰箪,方者曰笥。惟衣裳在笥者,盖谓衣服必谨于在箧笥之时,不可轻予人,必观能称职者,然后受之。按:《周礼·大宗伯》:"以九仪之命,正邦国之位;一命受职,再命受服。"受服,即受衣裳之赐。
② 干,盾,以革为之。戈,兵器名。省,xǐng,察。惟干戈省厥躬者,盖谓干戈不可妄委于人,必察其身堪将帅者,方授之。
③ 王惟戒兹三句,言王惟戒慎此四事,信此而能明焉,政治乃无不休美矣。
④ 凡官得人则治,不得其人则乱,故曰治乱在庶官。
⑤ 昵,亲近。
⑥ 能,谓才用。官以任事,故必用有才能者。
⑦ 爵,公卿大夫士。
⑧ 恶德,犹凶德。
⑨ 贤,谓德行。
⑩ 善,谓合乎情理者。
⑪ 有其善,谓自以为善。丧,sàng,失。矜,jīn,夸。矜其能,谓自夸其能。此言人世尚谦让,若自以为善,则必为人所憎恶,虽实有其善,亦丧失矣。自夸其能,则必为人所厌鄙,虽实有其能,亦丧失其功矣。
⑫ 事事,言非一事。

"无启宠纳侮,①无耻过作非。②惟厥攸居,政事惟醇;③黩④于祭祀,时谓弗钦。礼烦则乱,事神则难。"

王曰:"旨哉,⑤说!乃言惟服。⑥乃不良于言,予罔闻于行。⑦"

说拜稽首⑧,曰:"非知之艰,行之惟艰。王忱⑨

---

① 无启宠纳侮,言小人恃宠,则侮慢其主,故毋开宠幸,以取侮辱。
② 无耻过作非,言毋以有过为耻,而更以言辞文饰之。盖过误或出于偶然,若文过,则是有意作非。按:《论语·子张》云:"小人之过也必文。"是即耻过作非也。
③ 居,处,有处而安之意。醇,chún,不杂。惟厥攸居政事惟醇,言其所处,而能安于义理,则王之政事,自醇粹不杂矣。
④ 黩,dú,烦数。
⑤ 旨,美。旨哉,叹美之辞。古人赞饮食之美者必言旨,如旨酒之类,此言旨哉,盖有味乎其言也。
⑥ 服,行。此高宗赞美傅说所言可服行。
⑦ 乃不良于言两句,高宗谓说倘汝不善于言,则我无所闻于应行之事矣。
⑧ 稽,qǐ。稽首,谓拜首至地。按:稽首有二说,《周礼·太祝》辨九拜:"一曰稽首,二曰顿首。"注:"撵音拜,稽音启,本又作'稽'。""稽首,拜头至地也。顿首,拜头叩地也。"疏云:"稽首,拜中最重,臣拜君之拜;顿首,平敌自相拜之拜。……二种拜俱头至地,但稽首至地多时,顿首至地则举,故以叩地言之。"此一说也。《荀子·大略》:"平衡曰拜,下衡曰稽首,至地曰稽颡。"注:"平衡,谓磬折,头与腰如衡之平。"此又一说。
⑨ 忱,信。

不艰，允协于先王成德；惟说不言，有厥咎①。"

说命下

王曰："来，汝说！台小子旧学于甘盘，②既乃遁③于荒野④，入宅⑤于河，自河徂⑥亳，暨厥终罔显。⑦

"尔惟训于朕志，⑧若作酒醴⑨，尔惟曲蘖⑩；若作和羹，尔惟盐梅。⑪尔交修予，⑫罔予弃，予惟克迈⑬乃训。"

---

① 咎，罪。
② 甘盘，殷之贤臣名。旧学于甘盘，谓为王子时。
③ 遁，dùn，退。
④ 荒野，谓田野间。
⑤ 宅，居。
⑥ 徂，往。
⑦ 暨，至。按：高宗为王子时，其父小乙欲其知民之艰苦，使居民间。故高宗叙其昔时迁徙无常，而叹其学终无所显。
⑧ 心之所之谓之志，尔惟训于朕志，言汝当训导我志向。
⑨ 醴，lǐ，甜酒。
⑩ 曲蘖，qūniè，酒母，蒸麦置暖室，霉则捣之成块，曝干，用以酿酒者。
⑪ 盐梅，盐咸梅酸。按：此喻我须汝以成德，犹酿酒须曲蘖，作羹须盐梅。
⑫ 尔交修予，言汝当交相教我。
⑬ 迈，行。

说曰:"王,人求多闻,时惟建事①。学于古训②乃有获③;事不师古,以克永世,匪说攸闻。

"惟学逊④志,务时敏,⑤厥修乃来。⑥允怀于兹,道积于厥躬。⑦惟敩学半,⑧念终始典于学,厥德修罔觉。⑨监⑩于先王成宪⑪,其永无愆⑫。惟说式克钦承,旁招俊乂,列于庶位。⑬"

王曰:"呜呼,说!四海之内,咸仰朕德,时

---

① 建事,谓建立事业。
② 古训,先圣之训,载修身治国之道者。
③ 获,得。
④ 逊,xùn,顺,谦抑。
⑤ 务,专力。时敏者,无时而不敏疾也。
⑥ 厥修乃来,盖谓人能谦逊其志,无时而不专力敏疾于学,则其德之修,乃自来矣。
⑦ 怀,念。躬,身。允怀于兹道积于厥躬,言能笃信而深念乎此,则道积于其身矣。
⑧ 敩,xiào,教。惟敩学半,盖教人然后知困,知困必将自强,是教人之功,半于学也。
⑨ 念终始典于学两句,言始终常念在学,则其德之修进,将不自觉矣。
⑩ 监,视。
⑪ 宪,法。
⑫ 愆,qiān,过失。
⑬ 旁招,言招之非一方。才智过人者曰俊。俊乂,犹贤才。庶位,众职。惟说式克钦承三句,言王苟能志于学,德无愆过,则说亦用能敬奉王意,广招贤才,使列于众职。

商书

乃风。① 股肱惟人，良臣惟圣。②

"昔先正③保衡④，作⑤我先王，乃曰：'予弗克俾厥后惟尧舜，其心愧耻，若挞⑥于市。'一夫不获⑦，则曰：'时予之辜。'佑我烈祖⑧，格于皇天，⑨尔尚明保予，罔俾阿衡专美有商。

"惟后非贤不乂，惟贤非后不食。⑩ 其尔克绍乃辟于先王，永绥民。⑪" 说拜稽首，曰："敢对扬天子之休命！"⑫

---

① 风，教。言天下皆仰我德，是汝之教也。
② 股，胫之上节。自肘至腕谓之肱，股肱惟人两句，言手足具乃成人，良臣辅君乃圣。校订者按：《说文》："厷，臂上也。"厷即肱。臂上谓自肘至肩的部分，也泛指胳膊。
③ 正，长。先正，先世长官之臣。
④ 保，安。衡，平。保衡，即阿衡，商之官名，伊尹为保衡，言天下所取安，所取平也。
⑤ 作，兴起。
⑥ 挞，tà，打。
⑦ 不获，谓不得其所。
⑧ 烈祖，谓有功烈之祖，指成汤。
⑨ 格，至。格于皇天，谓其功至于天。
⑩ 惟后非贤不乂两句，言君非贤臣不治，贤非其君不与共食。盖言君臣遇合之难。
⑪ 绍，继。言汝能继汝君于先王，永久安民。
⑫ 对，答。扬，称扬。谓称扬天子之美命于众。

高宗肜日 ①

高宗肜日,越②有雊③雉。祖己④曰:"惟先格王,正厥事。"⑤

乃训于王曰:"惟天监下民,典厥义。⑥降年有永有不永,非天夭⑦民,民中绝命。⑧民有不若德⑨,不听罪,⑩天既孚命正厥德,⑪乃曰其

---

① 肜,róng,祭之明日又祭,殷曰肜,周曰绎。高宗祭成汤于肜祭之日,有飞雉来,升鼎耳而雊,祖己以为王有失德而致此,劝王改修德政。史叙其事,作《高宗肜日》,亦训体也。
② 越,发语词。
③ 雊,gòu,雉鸣。
④ 祖己,殷之贤臣名。
⑤ 格,正。祖己自言,当先正王之非心,然后再正其所失之事。
⑥ 典,主持。义者,理之当然,行而合宜之谓。此言天之监视下民,其祸福吉凶,惟主其义之如何耳。
⑦ 夭,短折不尽天年曰夭。
⑧ 民中绝命,言民自不修义,以致中道绝命。按:蔡沈《集传》曰:"意高宗之祀,必有祈年请命之事,如汉武帝五畤祀之类,祖己言永年之道,不在祷祠,在于所行义与不义而已,祷祠非永年之道也。言民而不言君者,不敢斥也。"
⑨ 不若德,即不顺于德,言无义也。
⑩ 不听罪,即不服其罪,谓不改过。
⑪ 孚命者,以妖孽为符信而谴告之。天既孚命正厥德,言天既以妖孽为符信而谴告之,欲其修省以正德也。校订者按:孔安国《传》曰:"天已信命,正其德,谓有永有不永。"则孚用其常义。孚命,谓天监民之义与不义,行赏罚之命。

如台。①

"呜呼！王司敬民，②罔非天胤，典祀无丰于昵。③"

西伯戡黎 ④

西伯既戡黎，祖伊⑤恐，奔告⑥于王⑦。曰："天子，天既讫我殷命，⑧格人元龟，罔敢知吉。⑨非先王

---

① 如台，《史记·殷本纪》作"奈何"。乃曰其如台，言天已警戒，民尚曰其奈我何也。
② 司，主。王司敬民，言王之职，主于敬民事而已。
③ 胤，嗣。昵，近；又考也，即祢庙。罔非天胤两句，言祖宗莫非天之嗣，主祀毋独丰于祢庙。按：父庙曰祢庙，生曰父，死曰考，入庙曰祢。校订者按：昵，通"祢"。
④ 西伯，周文王。姓姬氏，名昌。戡，kān，胜。黎，国名，即汉之上党郡壶关所治，黎亭是也，在今山西省长治市东。按：文王脱羑里之囚，献洛西之地于纣，请除炮烙之刑。纣许之，赐弓矢𫓧钺，使行征伐，为西伯。文王既受命，黎为不道，于是伐而胜之。祖伊知周德日盛，既已戡黎，纣恶若不悛，势必及殷，故恐惧奔告于王，庶几王之改悟。史录其言，以为此篇，盖亦诰体也。
⑤ 祖伊，殷之贤臣，祖己之后。
⑥ 奔告，谓自其邑奔走来告。
⑦ 王，商王纣。
⑧ 讫，绝。讫我殷命，言将绝我殷命，化为周也。
⑨ 格人，犹言至人，谓至道之人，有所识解者也。元龟，大龟，长一尺二寸，有神灵，能逆知未来。格人元龟罔敢知吉，言至人以人事观殷，大龟以神灵考之，皆无有敢知殷之有吉者。

不相①我后人，惟王淫戏②用自绝。

"故天弃我，不有康食，③不虞天性，④不迪率典。⑤

"今我民罔弗欲丧，⑥曰：'天曷⑦不降威？'大命不挚，⑧今王其如台？⑨"

王曰："呜呼！我生不有命在天？"⑩祖伊反，曰：⑪"呜呼！乃罪多参⑫在上，乃能责命于天。殷之即丧，指乃功，不无戮于尔邦。⑬"

---

① 相，xiàng，佑。
② 淫戏，淫乱戏逸。《史记·殷本纪》作"淫虐"。
③ 康，安。不有康食，谓有饥馑。
④ 虞，思度。不虞天性，谓纣逆乱阴阳，不度知天性。
⑤ 迪，由，践行。率，循。典，常法。不迪率典，谓不蹈循常法。
⑥ 丧，sàng，亡。言民苦纣之虐政，无不欲殷之亡。
⑦ 曷，何。
⑧ 挚，至。大命不挚，谓有大命宜王者，胡不至耶？校订者按：曾运乾《尚书正读》曰："《释诂》：'荐、挚，臻也。'……'挚'可训'臻'，亦可训'再'也。大命不再，犹言'天命不常'也。"
⑨ 今王其如台，《史记·殷本纪》作"今王其奈何"。
⑩ 纣叹息谓民虽欲亡我，然我之生，独不有命在天乎？
⑪ 反，还。谓祖伊退还而言。
⑫ 参，列。
⑬ 即，就。功，事。殷之即丧三句，言殷就丧亡矣，指汝所为之事，其能免戮于尔国乎。

商书

微子[①]

微子若曰:[②]"父师、少师,[③]殷其弗或乱正四方,[④]我祖底遂陈于上。[⑤]我用沉酗[⑥]于酒,用乱败厥德于下[⑦]。

"殷罔不小大,好草窃奸宄,[⑧]卿士师师非度。[⑨]

---

① 微,殷畿内国名,今山西省潞城市东北十五里有微子城。子,爵位名。微子名启,帝乙长子,纣之庶母兄。微子为纣卿士,痛殷之将亡,谋于箕子、比干,史录其问答之语,亦诰体也。以篇首有"微子"二字,因以名篇。
② 若,顺。微子知纣必亡,顺其事而言。
③ 父师少师,俱官名。父师为太子之师保,三公之一,即箕子。少师为父师之贰,三孤之一,即比干。校订者按:三孤,指少师、少傅、少保。
④ 或,有。四方,指天下而言。殷其弗或乱正四方,言殷无有治正天下之事。
⑤ 底,致。陈,列。上谓上世。我祖底遂陈于上,言我祖成汤,致遂其功,陈列于上世。
⑥ 沉,沉迷。酗,xù,醉而发怒曰酗。
⑦ 下,谓后世。
⑧ 好,hào,嗜。草窃,草野窃盗。宄,guǐ,寇盗在外曰奸,在内曰宄。殷罔不小大两句,言殷之民,无小无大,皆好草野窃盗,又为奸宄之事于内外。
⑨ 卿士,六卿之士。卿士师师非度,言上而六卿之士,亦皆效法,为非法度之事。

凡有辜罪，乃罔恒获，小民方兴，相为敌仇。① 今殷其沦丧②，若涉③大水，其无津涯④。殷遂丧，越至于今。⑤"

曰：⑥"父师、少师，我其发出狂，⑦吾家耄逊于荒。⑧今尔无指⑨告予，颠隮，⑩若之何其⑪？"

父师若曰：⑫"王子，⑬天毒降灾，荒殷邦，方兴

---

① 兴，起。小民方兴两句，言小民各起一方，侵夺争斗，共为仇敌。
② 沦，沉没。沦丧，谓国亡如沉没于水中。
③ 渡水曰涉。
④ 津，济渡处。涯，水际。津涯，犹言畔岸。
⑤ 殷遂丧越至于今，言殷之亡，乃至于今日耶？此盖微子哀怨痛切之语。校订者按：越至于今，谓于今至矣。原注以为问句，不妥。
⑥ 曰者，微子重呼箕子、比干而告之也。
⑦ 发，起。狂，《史记·宋微子世家》作"往"。我其发出狂，言纣祸败如此，我将起而出往矣。
⑧ 卿大夫称家。耄，mào，老成人。逊，遁。荒，谓荒野。吾家耄逊于荒，言纣无道如此，吾家老成之人，皆遁逃于荒野矣。
⑨ 今尔无指，谓今汝无所指示。校订者按：原书于"无指"后断句。孔《传》曰："汝无指意告我，殷邦颠陨陨坠，如之何其救之？"于义为长。则当于"告予"后断句，今据以标点如正文。
⑩ 颠，谓自高下陨。隮，jī，谓坠于沟壑。
⑪ 其，语助词，齐鲁之间读如"姬"。
⑫ 此下箕子之答语。
⑬ 微子，帝乙之元子，故曰王子。

商书

沉酗于酒,^① 乃罔畏畏,^② 咈其耇长^③旧有位人。

"今殷民乃攘窃^④神祇^⑤之牺牷牲^⑥,用以容,^⑦将食无灾。^⑧降^⑨监殷民,用乂雠敛,^⑩召敌仇不怠。^⑪罪合于一,^⑫多瘠罔诏。^⑬

"商今其有灾,我兴受其败。^⑭商其沦丧,我罔

---

① 方兴者,言其方兴未艾也。此答微子沉酗于酒之语。
② 乃罔畏畏者,言不畏其所当畏也。按:《论语·季氏》:"君子有三畏:畏天命,畏大人,畏圣人之言。"
③ 咈,fú,违逆。耇,gǒu,老。长,zhǎng。耇长,谓老成之人。此答微子耄逊于荒之语。
④ 自来而取曰攘,往盗曰窃。
⑤ 天曰神,地曰祇。
⑥ 牷,quán。色纯曰牺。体完曰牷。牛、羊、豕曰牲。
⑦ 用以容,言有司竟用相容隐。
⑧ 将食无灾,谓食之且无灾害。此答微子好草窃奸宄之语。
⑨ 降,下。
⑩ 乂,治。敛,赋敛。雠敛,谓若仇敌掊敛也。
⑪ 召敌仇不怠,言上既如此聚敛,是召民之仇敌其上,而不懈怠也。
⑫ 罪合于一,言殷民上下之罪,合而为一。
⑬ 瘠,jí,瘦苦。多瘠罔诏,言民多瘠苦,而无诏救之。此答微子小民相为敌仇之语。
⑭ 商今其有灾两句,言商今有灾,我当起而受其祸败,盖宗室大臣,义不忍去也。

为臣仆。①诏王子出迪,②我旧云刻子,③王子弗出,我乃颠隮。④

"自靖,人自献于先王,⑤我不顾行遁。⑥"

---

① 商其沦丧两句,言商若沦亡,我亦决无为他人臣仆之理。
② 迪,道。诏王子出迪,谓告微子离去合于道,盖微子离去则商祀尚可以延存。
③ 刻,害。我旧云刻子者,盖箕子旧日以微子长且贤,劝帝乙立之,帝乙不从而立纣,纣必忌之,是我旧日所言,适足以害子。
④ 王子弗出两句,言子若不去,则必不免祸,而我商家宗祀,定陨坠矣。此节答微子今殷其沦丧,及告予颠隮之语。
⑤ 靖,安。此言各自安其义之所当尽,人人达其志于先王,使无内愧于神明可也。
⑥ 我不顾行遁,箕子言我则不顾念避去,盖欲与纣俱死。

周书

泰誓上 ①

惟十有三年②春,大会③于孟津④。王曰:"嗟!我友邦⑤冢君⑥,越⑦我御⑧事庶士,明听誓。

"惟天地万物父母,⑨惟人万物之灵。⑩亶聪明,⑪

---

① 泰,同"大"。《国语》作"太"。周武王伐殷,史录其誓师之言,以其大会于孟津,因以"泰誓"名之。上篇未渡河作,后二篇既渡河作。
② 有,通"又"。十三年者,武王即位之十三年也。
③ 大会者,会诸侯之众,适往伐纣。
④ 孟津,地名,在河南省孟州市南,今名河阳渡。
⑤ 称诸侯曰友邦,亲之也。
⑥ 冢,大。称大君,尊之也。
⑦ 越,及。
⑧ 御,治。
⑨ 万物皆天地生之,故谓天地为父母。
⑩ 天地间万物之生,惟人独得其灵秀之气,故曰人为万物之灵。
⑪ 亶,dǎn,诚实无妄之谓。亶聪明,言聪明若出于天性然。

作元后①,元后作民父母。

"今商王受②弗敬上天,降灾下民,沉湎③冒色④,敢行暴虐,罪人以族,⑤官人以世。⑥惟宫室、台榭、⑦陂池、⑧侈服,⑨以残害于尔万姓,焚炙⑩忠良,刳剔孕妇。⑪皇天震怒,命我文考⑫,肃将天威,大勋

---

① 元后,大君。
② 受,商王纣名。
③ 湎,miǎn。沉湎,谓溺于酒。盖人被酒困,若沉于水,酒变其色,湎然齐同,故沉湎为嗜酒之状。
④ 冒,贪。冒色,谓贪乱女色。
⑤ 族,亲族。罪人以族者,谓一人有罪,刑及其父母兄弟妻子,言其用刑淫滥。
⑥ 世,子弟。官人以世者,谓任官不择贤才,惟因父兄而宠任其子弟,言其政乱。
⑦ 台榭,四方而高曰台,所以眺望也。台上有屋曰榭,又曰有木者谓之榭。
⑧ 陂,bēi,障泽之水,使不流泄,谓之陂。停水不流谓之池。
⑨ 侈,奢。侈服,谓衣服彩饰,过于制度,此言竭民财力为奢丽。
⑩ 焚炙,焚烧。按:纣为长夜之饮,百姓怨望,诸侯有叛者。妲己以为罚轻,纣欲重刑,乃为熨斗,以火烧之燃,使人举,辄烂其手,不能胜。纣怒,乃更为铜柱,以膏涂之,亦加炭火之上,使有罪者缘之,足滑跌坠入其中,纣与妲己以为大乐,名曰"炮烙之刑",是即焚炙之事也。
⑪ 刳,kū,剖开。剔,分解肉与骨。纣剖比干妻,以视其胎,是刳剔孕妇也。
⑫ 文考,谓文王。

未集。①

"肆②予小子发③，以尔友邦冢君，观政④于商，惟受罔有悛心。⑤乃夷居⑥，弗事上帝神祇，遗⑦厥先宗庙弗祀，牺牲粢盛，⑧既于凶盗，⑨乃曰：'吾有民有命！'罔惩其侮。⑩

"天佑下民，作之君，作之师，惟其克相⑪上帝，宠绥四方。⑫有罪无罪，予曷敢有越厥志？⑬

---

① 勋，功。集，成。大勋未集，言大功未成而文王崩。
② 肆，故。
③ 发，武王名。
④ 观政，注详《咸有一德》。
⑤ 悛，quān，改。惟受罔有悛心，言纣纵恶无改悔之心。
⑥ 夷居，谓平居。
⑦ 遗，弃。
⑧ 牺牲，注见《微子》。粢，zī，黍稷之供祭祀者曰粢。盛，chéng，在器曰盛。牺牲粢盛皆祭品。
⑨ 既于凶盗，谓祭品皆尽于凶恶盗贼之手。此即箕子所谓攘窃神祇之牺牷牲者。
⑩ 惩，戒。罔惩其侮，言未能惩戒其侮慢之心。
⑪ 相，助。
⑫ 宠，爱。绥，安。宠绥四方，言宠安四方之民。
⑬ 越者，逾越超远之义。有罪无罪予曷敢有越厥志，言有罪之当讨，无罪之当赦，我何敢心志少有逾越耶？此言悉听于天命。

"同力度德,同德度义。① 受有臣亿万,惟亿万心;② 予有臣三千,惟一心。③ 商罪贯盈,④ 天命诛之;予弗顺天,厥罪惟钧⑤。

"予小子夙夜⑥祗惧,受命文考,⑦ 类⑧于上帝,宜⑨于冢土⑩,以尔有众,底天之罚。⑪

"天矜⑫于民,民之所欲,天必从之。尔尚弼予一人,永清四海,时哉,弗可失!⑬"

---

① 度,duó,量度,凡心有所计虑曰度。同力度德同德度义,盖谓力钧则有德者胜,德钧则秉义者强。
② 亿万心,言人各执异心,不和谐。
③ 惟一心,言同心协力。
④ 贯,通。千钱为一贯。盈,满。以绳贯钱,一一重之,至满一贯,谓之贯盈。商罪贯盈,言纣之罪恶已贯满。
⑤ 钧,均。
⑥ 夙夜,早晚。
⑦ 受命文考,谓告于文王之庙。
⑧ 类,师祭名。
⑨ 宜,起大事,动大众,必先有事乎社,而后出,谓之宜。故祭社曰宜。
⑩ 社为土神,故曰冢土,即大社。
⑪ 以尔有众底天之罚,言用汝众致天之罚于纣。
⑫ 矜,怜悯。
⑬ 时哉弗可失,言此天人合应之时机,不可错失。

泰誓中

惟戊午①，王次②于河朔③，群后④以师毕⑤会，王乃徇⑥师而誓。曰："呜呼！西土有众，⑦咸听朕言。

"我闻吉人为善，惟日不足；⑧凶人为不善，亦惟日不足。今商王受，力行⑨无度⑩，播弃犁老，⑪昵比罪人，⑫淫酗肆⑬虐。臣下化之，朋家作仇，⑭胁权

---

① 戊午，以《武成》考之，是一月二十八日。
② 次，止，临时驻扎。《左传》庄二年："凡师一宿为舍，再宿为信，过信为次。"
③ 河朔，河北。
④ 群后，即众诸侯。
⑤ 毕，皆。
⑥ 徇，循，即巡行。
⑦ 周都镐京，其地在西，从武王渡河者，皆西方诸侯，故曰西土有众。按：镐京在今陕西省西安市长安区，武王营之，谓之宗周。又曰西都。
⑧ 惟日不足者，言终日为之，而犹为不足。此引古人语以为发端。
⑨ 惟日不足，则是力行。
⑩ 无度者，无法度之事。
⑪ 播弃，放弃。犁，通"黧"，黑黄之色。老人面色黧黑，故称犁老。播弃犁老，即《微子》所谓耄逊于荒是也。
⑫ 比，亲。阿，党。罪人，谓有罪恶之人。
⑬ 肆，放纵。
⑭ 朋，谓朋党。朋家作仇，言各立朋党，相为仇敌，即《微子》所谓小民方兴，相为敌仇。

相灭。① 无辜吁天,② 秽德彰闻。③

"惟天惠民,惟辟奉天。④ 有夏桀弗克若天,⑤ 流毒下国,天乃佑命成汤,降黜⑥夏命。

"惟受罪浮⑦于桀,剥⑧丧元良,贼虐谏辅,⑨谓己有天命,⑩谓敬不足行,谓祭无益,谓暴无伤。厥鉴⑪惟不远,在彼夏王。天其以予乂民,朕梦协朕卜,袭于休祥,⑫戎商必克。⑬

---

① 胁权相灭,谓胁上之权命,以相诛灭。
② 吁,yù,呼。无辜吁天,言无辜之民,呼天诉冤。
③ 秽,恶。彰,显。秽德彰闻,言纣腥秽之恶德,显闻于天。
④ 辟,君。惟天惠民惟辟奉天,言天惠爱斯民,为君者当奉承天意。
⑤ 弗克若天,言桀不能顺从天意。
⑥ 黜,chù,废。
⑦ 浮,超过。
⑧ 剥,削。
⑨ 贼,杀害。谏辅,谓比干。按:《史记·殷本纪》:"比干曰:'为人臣者,不得不以死争。'乃强谏纣,纣怒曰:'吾闻圣人心有七窍,剖比干,观其心。'"是贼虐谏辅。
⑩ 谓己有天命,如纣答祖伊我生不有命在天之类。
⑪ 鉴,视,借鉴。
⑫ 古者欲知事之吉凶,灼龟以示兆,谓之卜。袭,重。朕梦协朕卜袭于休祥,言我之梦合我之卜,俱重袭,有休美吉祥之应。
⑬ 戎,谓兵戎之事。克,胜。戎商必克者,言以兵戎讨纣,必能胜之。

"受有亿兆夷人①,离心离德;予有乱臣十人,②同心同德。虽有周亲,不如仁人。③天视自我民视,天听自我民听。④百姓有过,⑤在予一人,今朕必往。

"我武惟扬,⑥侵于之疆,⑦取彼凶残⑧,我伐用张,于汤有光。⑨

"勖⑩哉夫子⑪!罔或无畏,宁执非敌。⑫百姓懔

---

① 夷,平。夷人,谓智识平凡之人。
② 治乱曰乱。十人即周公旦、召公奭、太公望、毕公、荣公、太颠、闳夭、散宜生、南宫括及文母。按:《论语·泰伯》:"孔子曰:'……有妇人焉,九人而已。'"
③ 周,至。虽有周亲不如仁人,言纣虽有至亲之臣,不如周仁人之贤而可恃也。
④ 天视自我民视两句,言天之视听皆自乎民。按:此即《皋陶谟》"天聪明,自我民聪明;天明畏,自我民明威"之意。
⑤ 过,责。谓百姓有责于我,不正商罪。
⑥ 扬,举。我武惟扬,言我举武事。
⑦ 侵,入。疆,疆土。侵于之疆,谓侵入纣之疆土。
⑧ 凶残,谓纣。犹孟子谓纣为残贼之人。
⑨ 于汤有光,谓武王吊民伐罪之举,与汤之伐夏相同,皆为公天下之心。以此证之,汤放桀无私心,益为明显,是于汤亦有光也。
⑩ 勖,xù,勉励。
⑪ 夫子,谓将士。
⑫ 罔或无畏宁执非敌,谓无或以纣为不足畏惧,宁可执心以为非我所能敌。此戒将士毋或轻敌。

懔，若崩厥角。^①呜呼！乃一德一心，立定厥功，惟克永世。"

泰誓下

时厥明^②，王乃大巡六师，^③明誓众士。

王曰："呜呼！我西土^④君子，天有显道^⑤，厥类惟彰。^⑥今商王受，狎侮^⑦五常，荒怠弗敬，^⑧自绝于天，结怨于民。斫朝涉之胫，^⑨剖贤人之心，^⑩作威杀戮，毒痡四海。^⑪崇信奸回，^⑫放黜师保，屏弃典刑，^⑬囚

---

① 懔懔，危惧不安貌。角，额骨。百姓懔懔若崩厥角，言商民畏纣之虐，危惧不安，若崩摧其头角，无地可容。
② 厥明，戊午之明日。
③ 古者天子六军，诸侯三军，是时武王尚未备六军，此曰六师者，史臣之辞也。
④ 西土，注见上篇。
⑤ 显道，谓著明之道，即典常之道。
⑥ 厥类惟彰，言其义类甚明。
⑦ 狎，轻忽。狎侮，谓轻忽侮慢。
⑧ 荒怠弗敬，言荒弃怠惰，无所敬畏。
⑨ 胫，足茎，膝以下骨谓之胫。纣冬月见有朝涉水者，谓其胫耐寒，斫而视之。
⑩ 剖比干之心，注见上篇。
⑪ 痡，pū，病。毒痡四海，言其祸害波及者甚远。
⑫ 崇，敬。回，邪。崇信奸回，言奸邪之人，反敬信之。
⑬ 屏，bǐng。屏弃典刑，谓放弃常法。

奴正士。^①郊社不修，^②宗庙不享^③，作奇技淫巧，^④以悦妇人^⑤。上帝弗顺，祝降时丧。^⑥尔其孜孜^⑦，奉予一人，恭行天罚。

"古人有言曰：'抚我则后，虐我则仇。'独夫受^⑧，洪惟作威，^⑨乃汝世仇^⑩。树德务滋，除恶务本。^⑪肆予小子，^⑫诞^⑬以尔众士，殄歼^⑭乃雠。尔众士其尚迪果毅^⑮，以登乃辟。^⑯功多有厚赏，不

---

① 正士，谓箕子。按：《史记·殷本纪》："（纣）剖比干，观其心。箕子惧，乃详狂为奴，纣又囚之。"
② 冬至祭天曰郊，夏至祭地曰社。不修，谓不治。
③ 不享，谓不祭祀。
④ 奇技，谓奇异技能。淫巧，谓过度之工巧。
⑤ 妇人，谓妲己。
⑥ 祝，断。上帝弗顺祝降时丧，谓天恶纣逆道，断然降此丧亡。
⑦ 孜，zī。孜孜，勤勉不息之意。
⑧ 独夫者，言天命已绝，人心已失，但孑然一人而已。孟子所谓"残贼之人，谓之一夫"是也。
⑨ 洪，大。洪惟作威，言大作威虐。
⑩ 世仇，累世之仇。
⑪ 务，专力。树德务滋两句，言植德则务其滋长，去恶则务绝根株。
⑫ 肆予小子，注见《泰誓上》。
⑬ 诞，大。校订者按：王引之《经传释词》卷六："诞，发语词也。"此处"诞"即发语词。
⑭ 殄歼，谓殄绝歼灭。
⑮ 迪，行。果，谓果敢。毅，谓有强决之毅力。按：《左传》宣二年："杀敌为果，致果为毅。"
⑯ 登，成。辟，君。以登乃辟，谓以成汝君之功业。

迪①有显戮!

"呜呼!惟我文考,若日月之照临,②光于四方,③显于西土,④惟我有周,诞受多方。⑤

"予克⑥受,非予武,惟朕文考无罪⑦;受克予,非朕文考有罪,惟予小子无良⑧。"

牧誓⑨

时甲子⑩昧爽⑪,王朝至于商郊⑫牧野,乃誓。

---

① 不迪,不进。
② 若日月之照临,谓文王之德,若日月之辉光。
③ 光于四方,言其德泽所被甚远。
④ 文王为西伯,周初国于岐山,故其德于西土尤显著。按:岐山在今陕西省岐山县东北,其山两岐,俗呼箭括岭。
⑤ 诞受多方,言文王德大,故能受众方之国,三分天下有其二。按:《论语·泰伯》:"三分天下有其二,以服事殷,周之德,其可谓至德也已矣。"校订者按:诞,发语词。
⑥ 克,胜。
⑦ 无罪,言无过。
⑧ 无良,言无善。
⑨ 牧,地名,在朝歌南七十里,即今河南省淇县之南。武王军于牧野,临战誓众。前既有《泰誓》三篇,因以地名别之。
⑩ 甲子,以历推之,为二月四日。
⑪ 昧,冥。爽,明。昧爽,天将明未明之时。
⑫ 邑外谓之郊。

周书

王左杖黄钺,^① 右秉白旄^②以麾^③,曰:^④"逖矣,西土之人!"^⑤

王曰:"嗟!我友邦冢君,御事,^⑥ 司徒、司马、司空、^⑦ 亚旅、^⑧ 师氏、^⑨ 千夫长、百夫长,^⑩ 及庸、蜀、

---

① 杖,持,与"仗"同义。钺,大斧。以黄金为饰,故曰黄钺。王无自用钺之理,左持以为仪耳。
② 秉,执。旄,máo,旄牛尾。旗之注旄牛尾于干者曰旄。用白色者,取其远处易见也。
③ 麾,同"挥",指挥。
④ 曰者,武王之言。
⑤ 逖,tì,远。逖矣西土之人者,盖以其行役远来,呼而慰劳之。
⑥ 友邦冢君御事,注俱见《泰誓上》。校订者按:御事,王室政事服务官职之总称。
⑦ 司徒、司马、司空,皆少昊氏时所置官名,唐虞以后因之。司徒主民,治徒庶之政令;司马主兵,治军旅之誓戒;司空主土,治垒壁以营军。
⑧ 亚,次。旅,众。亚旅,众大夫其位次卿。按:《左传》文十五年,宋华耦来盟,公与之宴,辞,"请承命于亚旅"。杜预注曰:"亚旅,上大夫也。"《正义》引《牧誓》为证。
⑨ 《周礼》:师氏,中大夫,"使其属帅四夷之隶,各以其兵服守王之门外,且跸。朝在野外,则守内列"。郑玄云:"内列,蕃营之在内者也,其属亦帅四夷之隶,守之如守王宫。"
⑩ 千夫长,统千人之帅。百夫长,统百人之帅。

羌、髳、微、卢、彭、濮人,^① 称尔戈,比尔干,^② 立尔矛,^③ 予其誓。"

王曰:"古人有言曰:'牝鸡无晨,^④ 牝鸡之晨,惟家之索^⑤。'今商王受,惟妇言是用;^⑥ 昏弃厥肆祀弗答,^⑦ 昏弃厥遗王父母弟不迪;^⑧ 乃惟四方之多罪逋

---

① 庸蜀羌髳微卢彭濮,皆西南蛮夷,属于文王者,武王率之来伐纣者也。庸,在今湖北省房县,其地在江之北,汉之南。蜀,即古蜀国,今四川省旧成都、龙安、潼川、雅州四府,邛州及保府之剑阁以西,皆其地。羌,西戎种族名。按:《清会典》:甘肃阶州、四川茂州府所属尚有羌户,即羌民。髳,máo,西南夷国名,在今云南省姚安县以南。微,孔《传》谓在巴蜀。卢,南蛮国名。彭,亦国名,今四川省眉山市彭山区为汉之武阳县,有山名彭亡,汉岑彭征公孙述至此,闻其名恶之,是夜被刺,盖即彭国故墟。濮,南蛮族名,在湖南省旧常德辰州府境。校订者按:辰州即今湖南省怀化市沅陵县。
② 干戈,注俱见《说命中》。称,举。戈短,人执以举之,故言称。比,并。盾则并以捍敌,故言比。
③ 矛,兵器,长柄有刃,用以刺敌者。矛长,立之于地,故言立。
④ 牝鸡无晨,言雌鸡无晨鸣之道。
⑤ 索,萧索。
⑥ 妇,指妲己。《列女传》云:"(纣)好酒淫乐,不离妲己。妲己之所誉贵之,妲己之所憎诛之。"是惟用妲己之言。
⑦ 肆,陈。答,报。昏弃厥肆祀弗答,言祭祀所以报本,纣竟昏乱,弃其当陈之祭祀而不报。
⑧ 父之考为王父。王父母弟,谓同祖者。迪,进。不迪,《史记》作"不用"。昏弃厥遗王父母弟不迪,言纣以昏乱,弃其同祖之昆弟不进用。

逃，是崇是长，是信是使，① 是以为大夫卿士，俾暴虐于百姓，以奸宄于商邑。②

"今予发，惟恭行天之罚。今日之事，不愆于六步、七步，乃止齐焉。③ 夫子勖④哉！不愆于四伐、五伐、六伐、七伐，乃止齐焉。⑤ 勖哉夫子！尚桓桓⑥，如虎如貔⑦，如熊如罴，⑧ 于商郊。弗迓克奔，以役西土。⑨ 勖哉夫子！尔所弗勖，其于尔躬有戮！"

---

① 逋，bū，亡。乃惟四方之多罪逋逃三句，言纣乃对四方逃亡之罪人，尊崇而信用之。
② 奸宄，注见《微子》。邑，都邑。古称王畿曰邑。
③ 愆，过。步，趋进。齐，整齐。今日之事三句，言今日战事，不过趋进六七步即止而相齐。此盖告以进退之法，且戒其轻进。
④ 勖，注见《泰誓中》。
⑤ 伐，击刺。一击一刺曰一伐。不愆于四伐五伐六伐七伐两句，言击刺少不下四五伐，多不过六七伐乃止。此盖教以攻击之法，且戒其贪杀。
⑥ 桓桓，威武貌。
⑦ 貔，pí，猛兽名，即貔貅。形似虎，雄者曰貔，雌者曰貅。
⑧ 罴，pí，兽名，体大于熊，毛色黄白，颈长脚高，猛憨多力，能拔树木，遇人则人立而攫之，俗呼为人熊。按：虎貔熊罴四兽皆猛健，欲将士法之，奋击于商郊。
⑨ 迓，迎。弗迓克奔两句，言商众能奔来降者，勿迎击之，则商人皆为西土之役矣。此戒其杀降。

书经

武成 ①

惟一月壬辰,② 旁死魄,③ 越翼日④癸巳,王朝步自周⑤,于征伐商。

底⑥商之罪,告于皇天后土⑦,所过名山大川,⑧曰:⑨"惟有道⑩曾孙周王⑪发,将有大正⑫于商。今商王受无道,暴殄天物,害虐烝民。为天下逋逃⑬主,

---

① 史氏记武王往伐纣,归来放牛马,祀群神,告群后与其政事,共为一书。篇中有"武成"二字,遂以名篇,言其武功之成也。
② 壬辰,以《泰誓》戊午日推之,当为一月二日。
③ 旁,近。月体轮廓无光处名魄。朔后月始有光,其魄渐灭,故朔日谓之死魄。二日曰旁死魄。
④ 翼日,明日。
⑤ 周,镐京。注详《泰誓中》。
⑥ 底,致。
⑦ 后土,社神。土为万物之主,故称后。
⑧ 《周礼·太祝》云:"(王)过大山川,则用事焉。"郑玄注:"用事,亦用祭事告行也。"名山谓华岳,大川谓黄河。盖自镐京往商,必道经华山,渡黄河。按:华山曰西岳,在陕西省华阴市。
⑨ 曰者,举武王告神之语。
⑩ 有道,指祖宗而言。
⑪ 周王二字,史臣追增之也。
⑫ 正,谓正其罪。校订者按:孔《传》曰:"大正,以兵征之也。"
⑬ 逋逃,注见《牧誓》。

萃渊薮。①予小子既获仁人②，敢祗承上帝，以遏③乱略④。华夏⑤蛮貊⑥，罔不率俾⑦。

"惟尔有神，尚克相予，以济兆民，无作神羞。既戊午，师逾孟津⑧。癸亥，陈⑨于商郊，俟天休命⑩。甲子昧爽，⑪受率其旅若林，⑫会于牧野。罔有敌于我师，前徒倒戈⑬，攻于后以北⑭，血流漂杵。⑮一戎

---

① 萃，聚。水出地而不流者曰渊。薮，泽无水曰薮。萃渊薮，言天下逃亡罪人，悉以纣为主而归之，如鱼之聚于渊，兽之聚于薮。
② 仁人，谓太公、周、召之徒。
③ 遏，è，绝。
④ 略，谋。
⑤ 冕服采章曰华，大国曰夏，谓中国。
⑥ 貊，mò。南夷曰蛮，北狄曰貊。
⑦ 俾，顺从。
⑧ 孟津，注见《泰誓上》。
⑨ 陈，与"阵"同义，谓军队摆开阵势，布阵。
⑩ 休命，谓胜商之美命。
⑪ 甲子昧爽，注俱见《牧誓》。
⑫ 旅，众。若林，言其军旅盛多。
⑬ 倒戈，谓反戈。
⑭ 北，败走。
⑮ 杵，chǔ，舂杵。按：血流漂杵，乃史臣叙事形容过甚之辞。孟子曰："尽信书，则不如无书。吾于《武成》，取二三策而已矣。仁人无敌于天下，以至仁伐至不仁，而何其血之流杵也？"

衣，天下大定。① 乃反商政，政由旧。② 释③箕子囚，封比干墓，④ 式商容闾。⑤ 散鹿台⑥之财，发钜桥⑦之粟，大赉于四海，而万姓悦服。"

厥四月哉生明⑧，王来自商，至于丰⑨。乃偃武修文，⑩归马于华山之阳，⑪ 放牛于桃林之野，⑫示天下弗服⑬。

---

① 一戎衣天下大定，言纣失民心已久，武王只一着戎服，天下遂定矣。
② 乃反商政政由旧，言反纣之恶政，仍用商先王旧有之善政。
③ 释，放。
④ 加土于坟，谓之封墓。
⑤ 式，通"轼"，车前横木。古时男子立而乘车，有所敬，则俯而凭轼，遂以轼为敬礼。商容，殷之贤人。闾，族居里门。武王过其闾而轼之，盖礼贤也。
⑥ 鹿台，纣藏财物之所，亦名南单台，在今河南省淇县。
⑦ 钜桥，纣积粟之仓名，其遗址当在今河北省曲周县东北。
⑧ 哉，始。哉生明，月之三日。因月光三日始生明。
⑨ 丰，文王旧都。今陕西省西安市长安区西北，灵台丰水之上，周先王庙在焉。
⑩ 偃武修文，谓偃息武备，修明文教。
⑪ 山南曰阳。战马散之华山之南，以示弗乘。
⑫ 桃林，地名，今曰桃原。自函谷关以西，至潼二三百里间，弥望平坦，即其地。战时所用之牛，放之桃林之野，以示弗用。
⑬ 服，用。

周书

既生魄,^①庶邦冢君^②,暨百工^③,受命于周。

丁未,^④祀于周庙^⑤,邦甸侯卫,^⑥骏^⑦奔走,执豆、笾。^⑧越三日庚戌^⑨,柴^⑩望^⑪,大告武成。

王若曰:"呜呼,群后!^⑫惟先王建邦启土,^⑬公

---

① 月明至望,则明消而魄生,故十六日曰哉生魄,如是则既生魄应为十七日。
② 冢君,注见《泰誓上》。
③ 百工,注见《皋陶谟》。
④ 丁未,四月十九日。
⑤ 周庙,周之祖庙。
⑥ 邦甸侯卫,谓邦国、甸服、侯服、奋武卫之诸侯。按:王城之外,四面皆五百里谓之甸服,甸服外四面又各五百里谓之侯服,侯服外四面又各五百里为绥服。绥服之内,近侯服之三百里曰揆文教。外二百里曰奋武卫。
⑦ 骏,大。
⑧ 豆笾,皆祭器。豆以木为之,刻镂而以赤黑漆漆之,或饰以玉,用以盛齑醢菹酱者。笾,biān,编竹为之,用以盛果实脩脯者。
⑨ 庚戌,四月二十二日。
⑩ 柴,谓燔柴祭天。按:祭时积柴,加牲其上而燔之,谓之燔柴。
⑪ 望,祭山川。九州名山大川五岳四渎之属,皆一时望而祭之。按:五岳者,中岳嵩山、东岳泰山、西岳华山、南岳衡山、北岳恒山。四渎者,江、淮、河、济是也。
⑫ 群后,注见《泰誓中》。
⑬ 先王,谓后稷。后稷非王,武王尊其祖,故称先王。后稷始封于邰,故曰建邦启土。按:邰在今陕西省武功县境。

刘克笃前烈。① 至于大王②,肇基王迹,③ 王季④其勤王家。我文考文王,克成厥勋,诞膺⑤天命,以抚方夏。⑥ 大邦畏其力,小邦怀其德。惟九年,大统未集,⑦ 予小子其承厥志。

"恭天成命,⑧ 肆⑨予东征,绥厥士女。惟其士女,篚厥玄黄,⑩ 昭我周王。天休震动,⑪ 用附⑫我大邑周。"

---

① 公刘,后稷之曾孙,能厚修先人之业者。
② 大,tài。大王,古公亶父。
③ 肇,zhào,始。功业可见者曰迹。王迹,犹王业。盖大王避狄,去邠,居岐,邠人曰:"仁人也。"从之者如归市,大王始得民心,故王业之成,实基于此。按:邠,bīn,亦作"豳",即今陕西省彬县。
④ 王季,名季历,大王之子,文王之父,大王卒,立为公季;武王即位,追尊为王季。
⑤ 诞,发语词。膺,受。
⑥ 以抚方夏,谓安抚四方华夏。
⑦ 集,就,成功。文王自为西伯专征,凡九年而崩,故云大统未集。
⑧ 成命,谓已定之命。恭天成命,言奉天成黜商之定命。
⑨ 肆,故。
⑩ 篚,fěi,竹器,长三尺,广一尺,深六寸,足高三寸,上有盖。方曰筐,圆曰篚。玄黄,为天地之色。此言商之士女,以篚盛玄黄之币相迎,表明周王之德如天地。
⑪ 天休震动,言为天之美应所震动。
⑫ 附,归附。

周书

列爵惟五,^①分土惟三。^②建官惟贤,位事惟能。^③重民五教^④,惟食丧祭。^⑤惇信明义,^⑥崇德报功,^⑦垂拱而天下治。^⑧

旅獒^⑨

惟克商,遂通道于九夷八蛮^⑩,西旅底贡^⑪厥獒,太保^⑫乃作《旅獒》,用训于王。

---

① 列爵惟五者,谓公、侯、伯、子、男。
② 分土惟三者,谓列地封国,公侯方百里,伯七十里,子男五十里之三等。
③ 建官惟贤位事惟能,即《咸有一德》任官惟贤才之意。
④ 五教,君臣、父子、夫妇、兄弟、朋友五常之教。
⑤ 惟食丧祭,食以养生,丧以送死,祭以追远,皆所以立人纪,厚风俗者,故圣王重之。按:《论语·尧曰》:"所重民食丧祭。"即此义。
⑥ 惇,厚。惇信明义,谓惇厚其信,显明其义。
⑦ 崇德报功,谓有德者,尊之以爵;有功者,报之以禄。
⑧ 拱,敛手。垂拱而天下治,谓所任得人,人皆称职,己手无所事,下垂拱而天下已治矣。盖叹美之也。
⑨ 旅,西戎国名。獒,áo,犬高四尺,能晓解人意,猛而善搏人者曰獒。西旅贡獒,召公以为非所当受,作书以戒武王,因以"旅獒"名篇。亦训体也。
⑩ 九夷八蛮,多数之称,言其非一国。
⑪ 底,致。贡,献。
⑫ 太保,官名,三公之一,位次太傅。此太保即召公奭。

曰:"呜呼!明王慎德①,四夷②咸宾③,无有远迩,④毕献方物,⑤惟服食器用。⑥

"王乃昭德之致于异姓之邦,无替厥服;⑦分宝玉于伯叔之国⑧,时庸展亲。⑨人不易物,惟德其物。⑩

---

① 慎德,谓谨慎德教,以怀柔远人。
② 东夷、西戎、南蛮、北狄,谓之四夷。盖谓中国境外,四方之夷。
③ 宾,服。
④ 迩,近。无有远迩,盖总指华夷而言。
⑤ 毕,尽。方物,地方所产之物。
⑥ 惟服食器用,言其所献者,只可供服食器用而已,不可为耳目侈玩好之物。
⑦ 昭,示。德之致,谓其德所致之远方贡物。替,废。服,职。此言王既得所贡,乃示其德之所致,分赐于异姓诸侯,使无废其职。按:《国语·鲁语下》载,孔子曰:"昔武王克商,通道于九夷百蛮,使各以其方贿来贡,使无忘职业。于是肃慎氏贡楛矢石砮,其长尺有咫,先王欲昭其令德之致远也,以示后人,使永监焉,故铭其栝曰'肃慎氏之贡矢',以分太姬,配虞胡公,而封诸陈。古者分同姓以珍玉,展亲也;分异姓以远方之职贡,使无忘服也。"是即分赐异姓诸侯之事。
⑧ 伯叔之国,谓同姓诸侯。
⑨ 展,重。时庸展亲者,言是用厚其亲亲之道。按:《左传》定四年载:子鱼曰:"昔武王克商,成王定之,选建明德,以藩屏周。故周公相王室,以尹天下,于周为睦,分鲁公以大路、大旂,夏后氏之璜……"是即分宝玉于同姓诸侯之事。
⑩ 人不易物惟德其物,言王者以其德所致之物,赐诸侯。故诸侯亦不敢轻易其物,而以德视其物矣。

周书

"德盛不狎侮,^① 狎侮君子,罔以尽人心;^② 狎侮小人,罔以尽其力。^③ 不役耳目,百度惟贞。^④ 玩人丧德,^⑤ 玩物丧志。^⑥ 志以道宁,言以道接。^⑦

"不作无益害有益,功乃成;不贵异物贱用物,民乃足。犬马非其土性不畜,^⑧ 珍禽奇兽,不育于国。不宝远物,则远人格;^⑨ 所宝惟贤,则迩人安。^⑩

---

① 德盛不狎侮,言德盛之人,常自敬身,自无轻狎侮慢之心。
② 罔以尽人心,言君子若被人君轻狎侮慢,则将高蹈远引,无有肯尽其心者矣。
③ 罔以尽其力,言小人虽微贱畏威,然若被人君轻狎侮慢,则亦无有肯尽其力者矣。按:此君子谓臣,小人谓民。
④ 百度,百事之节度。贞,正。此言不使耳目役于声色,则百事之节度皆正矣。
⑤ 玩,戏弄。玩人,即狎侮君子小人之事。丧德,失德。
⑥ 玩物,即以声色役耳目之事。丧志,谓丧失志气。
⑦ 在心为志,发声表意曰言。皆当依道理而行,故志依道理而行则宁,言以道理接物则当。
⑧ 非其土性不畜,言非其地土所产者,则不畜养,盖以其不习于用也。按:《左传》僖十五年载:"(晋侯)乘小驷,郑入也。庆郑曰:'古者大事,必乘其产。生其水土,而知其人心;安其教训,而服习其道;唯所纳之,无不如志。今乘异产,以从戎事,及惧而变,将与人易。……'壬戌,战于韩原,晋戎马还泞而止。"此即非其土性,不习其用。
⑨ 格,至。远人格,谓远方来服。
⑩ 所宝惟贤则迩人安,言以贤人为宝,则近人安矣。

"呜呼！夙夜①罔或②不勤。不矜细行，③终累大德；为山九仞④，功亏一篑。⑤允迪兹，生民保厥居，惟乃世王。⑥"

金縢⑦

既克商二年，王有疾，弗豫。⑧二公⑨曰："我

---

① 夙夜，注见《皋陶谟》。
② 或，犹言万一，表示程度低，范围小。
③ 不矜细行，谓不矜持细微小节。校订者按：矜有夸恃、自大之义，引申指轻忽。不矜，即不轻忽，谨慎之义。
④ 仞，rèn。孔《传》："八尺曰仞。"郑玄云："七尺曰仞。"《小尔雅》又作四尺。未知孰是。校订者按：仞是古代测深量高的单位。人伸两臂，量宽曰寻，八尺；量高曰仞，略小于八尺。
⑤ 篑，kuì，盛土竹器。按：不矜细行功亏一篑，俱指受燮而言。
⑥ 允迪兹三句，言信能蹈行此诫，则生民可保其居，天子乃世世王天下矣。
⑦ 武王有疾，周公以王室未安，殷民未服，根本易摇，故请命三王，欲以身代武王之死。史录其册祝之文，并叙其事之始末，合为一篇。因其藏于金縢之匮，遂以"金縢"名篇。縢，téng，缄，用绳子缚束，封闭。金縢者，以其匮用金缄之，若今钉鍱之不欲人开启。校订者按：钉鍱谓用金属薄片包住钉牢。
⑧ 弗豫，不悦豫。何休《公羊传》注云："天子有疾称不豫，诸侯称负兹，大夫称犬马，士称负薪。"
⑨ 二公，召公、太公。

其为王穆卜①。"周公②曰:"未可以戚我先王。"③公乃自以为功,④为三坛,⑤同墠⑥。为坛于南方,北面,⑦周公立焉。植璧秉珪,⑧乃告太王、王季、文王。

史⑨乃册祝⑩曰:"惟尔元孙某,⑪遘厉虐疾。⑫若尔三王,是有丕子之责于天,⑬以旦代某之身。予仁

---

① 穆者,敬而含有和意。古者国有大事卜,则公卿百执事皆在,诚一而和同,以听卜筮。故名其卜曰穆卜。
② 周公,名旦,文王之子,武王之弟。
③ 戚,忧怖之意。未可以戚我先王,言未可以武王之病,忧怖先王。
④ 功,事。自以为功者,自以请命为己之事。
⑤ 坛,筑土为祭场曰坛。因太王、王季、文王,请命于天,每王一坛,故筑三坛。
⑥ 墠,shàn,辟除空地曰墠。
⑦ 为坛于南方北面者,于三坛之南,又另筑一坛,北向。
⑧ 植,放置。璧,玉之平圆形而有孔者。珪,玉之刻上方下者,形制大小,因爵位及所用之事而异。璧、珪皆所以礼神也。
⑨ 史,太史。
⑩ 册祝者,犹后世祭时,所用之祝版,书祝辞于册上,读之以告神。
⑪ 元孙,武王。某者,即指武王之名,臣讳君名,故称曰某。
⑫ 遘,gòu,遭遇。厉,危。虐,暴。遘遇虐疾,谓遭遇危暴重病。
⑬ 丕子,元子。武王为天之元子。按:蔡沈《集传》曰:"'于天'之下,疑有缺文。"

若考,能多材多艺,能事鬼神。① 乃元孙不若旦多材多艺,不能事鬼神。乃命于帝庭,② 敷佑四方,③ 用能定尔子孙于下地,四方之民,罔不祗畏。呜呼!无坠天之降宝命,④ 我先王亦永有依归。⑤

"今我即命于元龟⑥,尔之许我⑦,我其以璧与珪,归俟尔命;⑧ 尔不许我,我乃屏璧与珪。"⑨

乃卜三龟,⑩ 一习吉。⑪ 启籥见书,⑫ 乃并是吉。

---

① 予仁若考三句,言我仁顺祖考,又多才干艺能,能事鬼神,可以代武王死。校订者按:"予仁若考",《史记·鲁世家》作"旦巧能"。李民、王健《尚书译注》认为:"若"通"而","考"通"巧","能多材多艺"之"能"为衍文。此三句谓:"我善于逢迎,巧于辞令,多材多艺,能够服侍鬼神。"于义为长。
② 乃命于帝庭,言武王为天子,乃受命于上帝之庭。
③ 敷佑四方,谓布德教以佑助四方。
④ 宝命,即受帝庭之命。无坠天之降宝命,言无坠失上帝令武王为天子之宝命,使其疾病不可救。
⑤ 我先王亦永有依归,言先王宗庙之祀,亦庶几永有所依赖。
⑥ 元龟,注详《西伯戡黎》。
⑦ 许我,谓许我代武王死。
⑧ 俟,待。俟尔命,谓待汝命武王疾愈,以我代死。
⑨ 屏,bǐng,藏、弃、除。屏璧与珪,盖谓武王若丧,周之基业必坠,不得事神,则当弃璧与珪。
⑩ 凡卜筮必立三人,以相参考。三龟者,三人所卜之龟。
⑪ 习,重。谓三龟之兆相同。
⑫ 籥,同"钥"。启籥见书,谓开启锁钥,视察占兆之书。

公曰:"体,^① 王其罔害。予小子新命于三王,^② 惟永终是图。兹攸俟,^③ 能念予一人。^④"

公归^⑤,乃纳册^⑥于金縢之匮^⑦中,王翼日^⑧乃瘳^⑨。

武王既丧^⑩,管叔^⑪及其群弟^⑫乃流言^⑬于国曰:

---

① 体,兆之体象。
② 新命于三王,谓卜得吉兆。校订者按:新命于三王,谓刚从太王、王季、文王处接受命令。
③ 兹攸俟者,即上文归俟尔命武王之愈。
④ 一人,指武王。能念予一人,言三王能念我武王,使之安康。
⑤ 归者,谓从坛所归。
⑥ 册,祝册。
⑦ 匮,藏卜书的匣子。按:蔡沈《集传》曰:"金縢之匮,乃周家藏卜筮书之物。每卜,则以告神之辞书于册。既卜,则纳册于匮而藏之。前后卜皆如此,故前周公'乃卜三龟,一习吉,启籥见书'者,启此匮也。后成王遇风雷之变,欲卜,启金縢者,亦启此匮也。盖卜筮之物,先王不敢亵,故金縢其匮而藏之。非周公始为此匮,藏此册祝,为后来自解计也。"
⑧ 翼日,第二天,明日。
⑨ 瘳,chōu,病愈。
⑩ 丧,sàng,殁。
⑪ 管叔,名鲜,武王之弟,周公之兄,封于管,故曰管叔。按:管,即今河南省郑州市境。
⑫ 群弟,蔡叔度、霍叔处。
⑬ 流言,无根之言,如水之流。盖武王崩,成王幼,周公摄政,管叔于周公为兄,尤所觊觎,故与武庚、蔡叔、霍叔等放流言于国,诬蔑周公,以惑成王。

"公将不利于孺子①。"

周公乃告二公曰:"我之弗辟,我无以告我先王。"②

周公居东③二年,则罪人斯得。④于后,⑤公乃为诗以贻⑥王⑦,名之曰《鸱鸮》⑧。王亦未敢诮⑨公。

---

① 孺,稚。孺子,谓成王。校订者按:《史记·周本纪》:"成王少,周初定天下,周公恐诸侯畔周,公乃摄行政当国。"成王年少,故称"孺子"。
② 辟,"避"的古字。我之弗辟两句,言先王以谦让为德,我反有欲位之谤,今若不避去,将无辞以告我先王于地下。校订者按:孔《传》曰:"辟,法也。告召公、太公,言我不以法法三叔,则我无以成周道告我先王。"谓惩治管、蔡等叛乱者。可备一说。
③ 居东,居国之东。
④ 罪人斯得者,言二年之后,成王始得知流言为管、蔡所放。
⑤ 于后,二年后。
⑥ 贻,赠。
⑦ 王,谓成王。下同。
⑧ 鸱鸮,chīxiāo,鸷鸟。以其破巢取卵,比武庚之败管、蔡及王室。故其诗首章曰:"鸱鸮鸱鸮,既取我子,无毁我室。恩斯勤斯,鬻子之闵斯!"
⑨ 诮,责让。

秋，大熟，未获①，天大雷电以风，禾尽偃②，大木斯拔，邦人大恐。王与大夫尽弁③，以启金縢之书，④乃得周公所自以为功代武王之说。

二公及王，乃问诸史与百执事。对曰："信。⑤噫！⑥公命，我勿敢言。"

王执书以泣，曰："其勿穆卜。⑦昔公勤劳王家，惟予冲人⑧弗及知。今天动威，以彰周公之德，惟朕小子其新迎⑨，我国家礼亦宜之。"

王出郊，⑩天乃雨，反风，禾则尽起。二公命邦人，凡大木所偃，尽起而筑之，岁则大熟。

---

① 获，刈谷，收割。
② 偃，仆倒。
③ 弁，biàn，冠名，状如两手相合抃，故名。
④ 因天变，故启金縢之书，欲案查故事，求变异所由来。
⑤ 信，谓信有此事。
⑥ 噫，yī，叹息伤痛之声。
⑦ 其勿穆卜者，成王至此已感悟，故言不必更卜。
⑧ 冲，幼小。冲人，谓幼小之人。
⑨ 新迎，马融本作"亲迎"，甚是。盖"亲"误作"新"，犹《大学》"在新民"误作"在亲民"。
⑩ 王出郊者，成王自往迎周公，即上文所谓亲迎者。

微子之命①

王若曰:"猷!② 殷王元子,③ 惟稽古崇德象贤,④ 统承先王,修其礼物,⑤ 作宾于王家,⑥ 与国咸休,永世无穷。

"呜呼!乃祖成汤,克齐圣广渊,⑦ 皇天眷佑,诞⑧受厥命。抚民以宽,除其邪虐。⑨ 功加于时,⑩ 德垂后裔。⑪

---

① 成王既诛武庚,命微子启代殷后,封之于宋,以奉汤祀。史录其诰命,以为此篇。按:宋在今河南省商丘市。
② 猷,发语词。
③ 元子,长子。微子为帝乙之长子,故曰殷王元子。
④ 崇德,谓先圣王之有德者,则尊崇而奉祀之。象贤,谓其后嗣子孙,有象先圣王之贤者,则命之以主祀。惟稽古崇德象贤者,言考古制,尊崇成汤之德,以微子象贤,当奉其祀。
⑤ 修其礼物,谓修其典礼文物,不使废坏。
⑥ 作宾于王家,言以客礼遇之。按:《左传》僖二十四年谓"宋先代之后也,于周为客,天子有事膰焉,有丧拜焉"。是即以宾礼待之。
⑦ 齐,肃。盖齐则无不敬,圣则无不明,广者言其大,渊者喻其深。此言成汤能齐肃圣明,广大渊深。
⑧ 诞,发语词。
⑨ 除其邪虐,谓废除夏桀之淫邪虐政。
⑩ 功加于时者,言其功绩所及者之众。
⑪ 裔,yì,末。后裔,谓远代子孙,即言微子。德垂后裔者,言其德泽所传者甚远。按:此段述成汤之德,以明崇德之意。

周书

"尔惟践修厥猷,①旧有令闻②。恪慎③克孝,肃恭神人。予嘉乃德,曰笃不忘。④上帝时歆,⑤下民祗协。庸⑥建⑦尔于上公⑧,尹⑨兹东夏。⑩

"钦⑪哉!往敷乃训,慎乃服命,⑫率由典常,以蕃王室。⑬弘乃烈祖,⑭律乃有民,⑮永绥厥位,毗⑯予一人。世世享德,万邦作式,俾我有周无斁。⑰

---

① 践,履。猷,道。尔惟践修厥猷,言微子能履行修治成汤之道。
② 令,善。闻,誉。
③ 恪,kè,敬。恪慎,敬谨之意。
④ 予嘉乃德曰笃不忘者,言我善汝之德,厚不可忘。
⑤ 歆,xīn,享。盖恭孝之人,祭祀则神歆享。
⑥ 庸,用。
⑦ 建,封建,封立。
⑧ 王者之后称公,故曰上公。
⑨ 尹,治。
⑩ 宋在京师之东,故曰东夏。按:此段赞微子之贤,以明其象贤。
⑪ 钦,敬。
⑫ 服命,谓上公之服命。盖宋为王者之后,成汤之庙,当有天子礼乐。虑其因此或有僭拟之失,故曰慎乃服命。
⑬ 蕃,通"藩"。以蕃王室,言为王室之屏藩。
⑭ 弘,大。弘乃烈祖,谓大汝烈祖成汤之道。
⑮ 律,范。谓用法度约束、规范其民。
⑯ 毗,辅弼。
⑰ 式,法,楷模。斁,yì,厌。

"呜呼！往哉惟休！①无替②朕命。"

酒诰③

王若曰："明大命于妹邦，④乃穆考文王，⑤肇国在西土⑥。厥诰毖⑦庶邦庶士，⑧越少正御事，⑨朝夕曰：'祀兹酒。'⑩惟天降命，肇我民，惟元祀。⑪天降威，我民用大乱丧德，亦罔非酒惟行，越小大邦用丧，

---

① 往哉惟休，言汝往之国，当休美其政。
② 替，废。
③ 商纣酗酒，天下化之。妹土，商之都邑，染恶尤甚。武庚既诛，分其地以封卫，乃作《酒诰》戒沫邦，又告康叔往卫为邦君之事。按：妹土亦作"沫邦"，今河南省淇县北，有妹乡，即其地。卫为康叔所封之国，今河北省邯郸市大名县以西，至河南省之卫辉、怀庆皆卫地。
④ 明大命于妹邦者，周公以王命诰康叔，言汝当明施大教命于妹土。
⑤ 《周礼·小宗伯》注云："自始祖之后，父曰昭，子曰穆。"文王之世次为穆，故曰穆考文王。
⑥ 西土，注见《泰誓中》。
⑦ 毖，bì，戒谨。
⑧ 庶邦，谓众国诸侯。文王为西伯，故得诰戒众国诸侯。庶士者，卿士百官之谓。
⑨ 越及御事，注俱见《泰誓上》。少，shào。少正，官之副贰。
⑩ 朝夕曰祀兹酒者，言文王朝夕戒之曰，惟祭祀始用此酒。
⑪ 元祀，大祭。惟天降命肇我民惟元祀，言天始令我民知作酒者，为大祭而已。

亦罔非酒惟辜。①

"文王诰教小子,②有正有事,③无彝酒。④越庶国饮惟祀,德将无醉。⑤惟曰:'我民迪⑥小子,惟土物爱,厥心臧。⑦聪听祖考之彝训,越小大德,小子惟一。⑧'

"妹土,嗣尔股肱,⑨纯⑩其艺黍稷⑪,奔走事厥考厥长⑫。肇牵车牛,远服贾,用孝养厥父母。⑬厥父母

---

① 天降威五句,言天降威罚,使我民乱德者,无非以酒为行。及小国大国之丧亡者,亦无非饮酒之罪。
② 小子,少子之称。蔡沈《集传》曰:"以其血气未定,尤易纵酒丧德,故文王专诰教之。"
③ 有正,谓有官守者。有事,谓有职业者。
④ 无,通"毋"。彝,常。无彝酒,言毋常饮酒。
⑤ 越庶国饮惟祀两句,言众国惟于祭祀之时得饮酒,然犹必以德自将,无令至醉。
⑥ 迪,教导。
⑦ 臧,善。惟土物爱厥心臧,言令民教导其子孙,勤稼穑,爱惜土地所生之物,如是则无外慕,心自善矣。
⑧ 越小大德小子惟一,言毋以戒酒为小德,小德大德,小子当同一视之。
⑨ 嗣,续。股肱,谓四肢。言妹土之民,当嗣续汝四肢之力于农事。
⑩ 纯,大,专一。
⑪ 艺,种植。稷,jì,高粱。黍稷,泛指庄稼。
⑫ 厥考厥长,谓其父兄。
⑬ 肇,敏。服,事。贾,gǔ,居货待售者曰贾。肇牵车牛三句,言民或敏于贸易,牵车牛,远事商贾,以孝养其父母。

庆^①，自洗腆，致用酒。^②

"庶士有正，越庶伯君子^③，其尔典^④听朕教。尔大克羞耇^⑤惟君，^⑥尔乃饮食醉饱。丕惟曰：^⑦尔克永观省，作稽中德。^⑧尔尚克羞馈祀，^⑨尔乃自介用逸，^⑩兹乃允为王正事之臣，^⑪兹亦惟天若元德，^⑫永

---

① 庆，喜庆，高兴。
② 腆，tiǎn，厚。自洗腆致用酒者，盖洗以致其洁，腆以致其厚。按：此段教妹土之民。
③ 伯，长。称君子者，贤之也。
④ 典，常。
⑤ 羞，献。羞耇，养老。
⑥ 惟君，蔡沈《集传》曰："未详。"王鸣盛曰："惟君，君燕其臣也。盖邦国有养老之礼，及君与臣燕，则得饮酒也。"校订者按：王引之《经传释词》卷三曰："惟，犹与也，及也。"所举《尚书》用例有《禹贡》之"齿革羽旄惟木"，《酒诰》之"百僚庶尹惟亚惟服宗工"，《多方》之"告尔四国多方，惟尔殷侯尹民"等，云上述例中"惟"字并与'与'同义。故此"尔大克羞耇惟君"，谓你们多进献食酒给父兄耆老及君主。
⑦ 丕惟曰者，大言也。校订者按："丕惟曰"之"丕"，王引之《经传释词》卷十以为发语词，甚是。
⑧ 尔克永观省两句，言汝能常常反观内省，使念虑行为，皆稽乎中正之德，则德全于身矣。校订者按：作稽，举止。
⑨ 馈，kuì，助祭于君。指进献祭品。
⑩ 介，助。用逸者，用以宴乐。校订者按：于省吾《尚书新证》认为"介"通"丐"，求也。于义为长。
⑪ 兹乃允为王正事之臣，言如此则信为王治事之臣矣。
⑫ 兹亦惟天若元德，谓如此亦惟天顺其大德。按：此段教妹土之臣。

不忘在王家。"

王曰："封,^① 我西土棐徂邦君、御事、小子,^② 尚克用文王教,不腆于酒。故我至于今,克受殷之命。"

王曰："封,我闻惟曰:在昔殷先哲王^③,迪畏天显小民,^④ 经德秉哲。^⑤ 自成汤咸至于帝乙,成王畏相,^⑥ 惟御事厥棐有恭^⑦,不敢自暇自逸,矧^⑧曰其敢崇饮?^⑨

"越在外服,^⑩ 侯、甸、男、卫、邦伯,^⑪ 越在内

---

① 封,康叔名。
② 棐,fěi,辅。徂,往。棐徂邦君御事小子,谓辅佐文王往日之邦君、御事、小子。
③ 殷先哲王,谓汤。
④ 迪畏者,畏之而见于行。畏天显小民者,谓畏天之明命,畏小民之难保。
⑤ 经德,谓有常德。秉哲,谓能持其智而不惑,所以能用人。
⑥ 成王畏相者,谓能成就君德,敬畏辅相,不敢为非。
⑦ 有恭者,谓有责难之恭。按:《孟子·离娄》曰:"责难于君谓之恭。"
⑧ 矧,shěn,何况。
⑨ 崇饮,聚饮,谓聚众纵酒。按:此段以商君臣之不敢暇逸告康叔。
⑩ 越,注见《高宗肜日》。外服,王畿之外。
⑪ 侯、甸、卫,注详《武成》。男,谓男服。邦伯,谓邦国之长。

服,① 百僚、② 庶尹、③ 惟亚、④ 惟服、宗工,⑤ 越百姓里居⑥,罔敢湎⑦于酒。不惟不敢,亦不暇。惟助成王德显,⑧ 越尹人祗辟。⑨

"我闻亦惟曰:在今后嗣王酣身,⑩ 厥命罔显于民,⑪ 祗保越怨不易,⑫ 诞惟厥纵淫泆于非彝,⑬ 用燕丧威仪,⑭ 民罔不衋⑮伤心。惟荒腆于酒,不惟自息乃

---

① 内服,王畿之内。
② 百僚,注见《皋陶谟》。
③ 庶尹,众正。
④ 惟亚,次官。
⑤ 惟服宗工,总上百僚、庶尹及惟亚而言。
⑥ 百姓里居,谓国中百姓,与夫致仕里居者,即宗室贵族。
⑦ 湎,注见《泰誓上》。
⑧ 助成王德显,谓助成君德,使之显著。
⑨ 尹人者,百官诸侯之长,指上文御事而言。祗辟,谓敬法。
⑩ 后嗣王,纣。酣身,谓酣乐其身,不忧政事。
⑪ 厥命罔显于民,言其命令,无显明之德于民。
⑫ 祗保越怨不易,谓其所敬所保者,惟在于作怨之事,且不肯改悔。
⑬ 泆,yì,放恣。非彝,谓非常之事。
⑭ 燕,安。威仪,容止。按:《史记·殷本纪》载纣"以酒为池,悬肉为林,使男女裸,相逐其间,为长夜之饮",是用燕丧威仪也。
⑮ 衋,xì,伤痛。

逸。厥心疾很,不克畏死。^①辜在商邑,^②越殷国灭无罹^③。弗惟德馨香祀,登^④闻于天,诞惟民怨,庶群自酒,腥闻在上,^⑤故天降丧于殷。罔爱于殷,惟逸。天非虐,惟民自速辜^⑥。"

王曰:"封,予不惟若兹多诰。^⑦古人有言曰:'人无于水监,当于民监。'^⑧今惟殷坠厥命,我其可不大监抚于时?^⑨

"予惟曰:汝劼毖^⑩殷献臣^⑪,侯、甸、男、卫,

---

① 惟,思,考虑。息,止。疾很,乖戾,狠毒。不克畏死,言其无忌惮。
② 辜在商邑,谓于商都作恶。
③ 罹,忧惧。
④ 登,升。
⑤ 腥闻在上,谓腥秽之德,上闻于天。
⑥ 自速辜,言自召之罪。
⑦ 惟,思,想。若兹,如此。多诰,谓多言。
⑧ 监,通"鉴"。人无于水监两句,意谓水监只能见人之妍媸,民监则可知其得失。
⑨ 我其可不大监抚于时,言我其可不以殷民之失为大鉴戒哉。校订者按:抚,据。时,是,代词。曾运乾《尚书正读》曰:"言殷既以酒亡其国,我据于是,其可不以为大鉴乎? 语倒。"
⑩ 劼,jié,用力。毖,戒慎。
⑪ 献臣,贤臣。

书经

矧太史友、内史友？①越献臣、百宗工，矧惟尔事？服休，②服采。③矧惟若畴？圻父薄违，农父若保，宏父定辟。④矧汝刚制于酒？⑤

① 太史掌六典、八法、八则；内史掌八柄之法。称友者，太史、内史在君之左右故也。按：六典，八法，八则，八柄，俱见《周礼》。六典者，治典、教典、礼典、政典、刑典、事典也。八法者，官属、官职、官联、官常、官成、官法、官刑、官计也。八则者，一曰祭祀，二曰法则，三曰废置，四曰禄位，五曰赋贡，六曰礼俗，七曰刑赏，八曰田役。八柄者，一曰爵以驭其贵，二曰禄以驭其富，三曰予以驭其幸，四曰置以驭其行，五曰生以驭其福，六曰夺以驭其贫，七曰废以驭其罪，八曰诛以驭其过。校订者按：曾运乾《尚书正读》曰："矧，况词也。言外邦侯国，尚须戒酒，则亲近大臣，亦当厉戒可知矣。下三矧字同意，大抵由外及内，由小及大，由卑及尊，言王化自近始也。"
② 休，息。服休，谓燕息之近臣。
③ 采，事。服采，谓朝祭之近臣。
④ 畴，匹。圻，qí，与"畿"同义。圻父，政官司马，主封圻。谓之父者，尊之。薄，迫。违，谓违命者。农父，教官司徒，主农。宏父，事官司空，主廓地居民。辟，法。矧惟若畴四句，言况为尔之畴匹，若圻父之迫逐违命者乎？若农父之顺保万民者乎？若宏父之制其经界，以定法者乎？皆不可不谨于酒。
⑤ 刚制，亦劫惎之意。刚果用力以制之。校订者按：矧汝刚制于酒，为戒康叔之语，言何况你强制别人戒酒者，自应首先戒酒。

"厥或诰曰：'群饮。'汝勿佚①，尽执拘以归于周②，予其杀。③又惟殷之迪诸臣惟工，④乃湎于酒，勿庸杀之，姑惟教之。

"有斯明享，⑤乃不用我教辞，惟我一人弗恤，⑥弗蠲乃事，⑦时同于杀。⑧"

王曰："封，汝典听朕毖，勿辩乃司民湎于酒。"⑨

---

① 佚，失。勿佚，谓勿放纵。
② 周，谓京师。
③ 其者，未定之辞。苏氏曰：予其杀者，未必杀也。犹今法曰当斩者，皆具狱以待命，不必死也。然必立法者，欲人畏而不敢犯也。
④ 惟，与。殷之迪诸臣惟工者，谓殷之蹈恶俗诸臣百官。
⑤ 有者，不忘之也。斯，此，指教辞而言。享，上享下之享。此言殷诸臣百工，不忘教辞，不湎于酒，我则明享之。
⑥ 乃，若，如果。弗恤，谓不怜恤汝。
⑦ 蠲，juān，洁净。弗蠲乃事，不洁汝之政事。
⑧ 时同于杀者，言是汝同于群饮诛杀之罪。
⑨ 辩，治。乃司，有司。即上文诸臣百工之类。勿辩乃司民湎于酒，言康叔若不治有司之湎酒，则民之湎于酒者，将不可禁矣。校订者按：孙星衍《尚书今古文注疏》卷十六曰："辩者，《广雅·释诂》云：'使也。'诰康叔，言当常听我敕，勿使汝司民之人沉于酒也。"于义为长。

梓材①

王曰:"封,以厥庶民暨厥臣达大家,②以厥臣达王,③惟邦君。④

---

① 此篇亦诰康叔之书,谕以治之道,欲其通上下之情,宽刑辟之用。而篇中有"梓材"二字,比稽田作室为雅,故以为简编之别,非有他义。校订者按:关于《梓材》的本来面目,自古以来颇有争议。顾颉刚、刘起釪《尚书校释译论》云:"此篇为断简残编所凑成的一篇文字,除汉人强解成一人的话外,宋朝的吴棫就说中多误简,自'王启监'以下即另为一篇(见蔡《传》)。蔡沈把吴棫的话修正一下,说自'今王惟曰'以下才另是一篇。清王鸣盛《尚书后案》亦承蔡说,谓'今王惟曰'以下乃周公因诰康叔而并诫成王之词。现在把这篇翻译了看来,觉得吴棫的话最对,因为'王启监'之监即是'若兹监'的监,说不定'王启监'到篇末倒是半篇比较完整的文字,而前面的'以厥庶民'和'汝若恒越曰'两节则真是残简。"又周秉钧《尚书易解》云:"周公封康叔于卫,告康叔治理殷邦之法则,勉励康叔继承先王之志,用德治和悦殷民。……全文分两大段,首段言治理殷邦之政策,次段言制定此项政策之理由。首尾连贯,条理井然。或疑其文有脱误,非其实也。"今附二家观点于此,以资参考。
② 以,用。暨,与。达,通。大家者,卿大夫有采地之家,孟子所谓巨室是也。盖言用众民与其臣之贤良者,达大家之政于国,则下之情无不通矣。
③ 此言以厥臣达王,则上之情无不通矣。
④ 惟邦君者,盖邦君上有天子,下有大家,能通上下之情,而使之无间者,惟赖邦君。

"汝若恒①,越曰:我有师师:②司徒、司马、司空、③尹、④旅,⑤曰:'予罔厉⑥杀人!亦厥君先敬劳,⑦肆徂⑧厥敬劳。肆往奸宄⑨、杀人、历人⑩,宥;肆亦见厥君事、戕败⑪人,宥。'

"王启监,⑫厥乱为民。⑬曰:'无胥戕,⑭无胥虐。⑮

---

① 恒,常。
② 我有师师,言我有典常之师可师法。
③ 司徒司马司空,注见《牧誓》。
④ 尹,正官之长,即《酒诰》中庶尹。
⑤ 旅,众,即《牧誓》亚旅之旅。
⑥ 厉,虐。
⑦ 劳,lào。敬劳者,恭敬劳来之也。此言为君之道,当先劳民。
⑧ 徂,往。
⑨ 奸宄,注见《微子》。
⑩ 历人者,罪人所过,律所谓知情、藏匿、资给是也。
⑪ 戕,qiāng。戕败者,毁伤四肢面目,汉律所谓疻也。按:孔《传》解肆往奸宄数句,谓"以民当敬劳之故,汝往之国,又当详察奸宄之人,及杀人贼所过历之人,有所宽宥,亦所以敬劳之。……听讼折狱,当务从宽恕。故往治民,亦当见其为君之事,察民以过误,残败人者,当宽宥之"云云,解释颇多牵强,蔡沈《集传》则曰:"此章文多未详。"姚鼐《梓材说》则云:"君苟不以政事为勤,奸宄杀人历人者,皆得宥纵,则臣下亦肆为宥纵。凡有辜罪,乃罔恒获,尚足以为国乎?"此则直与孔《传》相反矣。
⑫ 监,谓诸侯各监一国。启监者,犹立其监。
⑬ 乱,治。为,wèi。厥乱为民,言王者立诸侯,使监其国者,其治本为民。
⑭ 胥,相。无胥戕,言无相与残贼其民。
⑮ 无胥虐,言无相与虐害其民。

至于敬寡，至于属妇，^① 合由以容。^②'王其效邦君越御事：厥命曷以？引养引恬。^③ 自古王若兹，监罔攸辟。^④

"惟曰：若稽^⑤田，既勤^⑥敷菑，^⑦ 惟其陈修为厥疆畎^⑧；若作室家，既勤垣墉，^⑨ 惟其涂塈^⑩茨^⑪；若作梓材^⑫，既勤朴斫^⑬，惟其涂丹雘^⑭。

"今王惟曰：先王^⑮既勤用明德，怀为夹，^⑯ 庶邦

---

① 敬寡，即矜寡、鳏寡，指老而无夫无妻者。至于属妇，谓妇之穷独者，则联属之，使有所归。
② 合由以容者，谓保合其民，率由是而容蓄之。
③ 引，长。恬，tián，安。言王者责效国君，及其治事者，其命何以哉？亦惟欲其长养民，长安民而已。
④ 攸，所。辟，刑法。言自古王者皆如此，监国者，无所用乎刑辟，以戕虐人。
⑤ 稽，治。
⑥ 勤，谓勤力。
⑦ 菑，zī。敷菑者，广去草棘。此盖喻除恶。
⑧ 疆，畔。畎，quǎn，田间通水渠。
⑨ 垣，yuán。墉，yōng。皆谓墙。卑曰垣，高曰墉。此盖喻立国。
⑩ 涂塈，泥饰。涂者，杜塞孔穴。塈，仰涂。
⑪ 茨，cí，以茅苇盖屋。
⑫ 梓材，木材之美者。
⑬ 朴，谓裁成其形质。土曰坯，木曰朴。斫，zhuó，析木。
⑭ 赤色曰丹。雘，huò，赤石脂之类，可为颜料。
⑮ 先王，文王、武王。
⑯ 夹，近。怀为夹者，怀柔远人，使来为亲近。

享,^① 作兄弟方来,^② 亦既^③用明德, 后式典集,^④ 庶邦丕享。

"皇天既付中国民越^⑤厥疆土于先王。肆^⑥王惟德用^⑦, 和怿^⑧先后^⑨迷民^⑩, 用怿先王受命。^⑪

"已!^⑫若兹监, 惟曰: 欲至于万年,^⑬ 惟王子子孙孙永保民!^⑭"

---

① 享, 献。庶邦享者, 谓众国来朝献。
② 兄弟, 谓同姓之亲。方来者, 万方皆来宾服。
③ 既, 尽。
④ 后, 谓后王。不言王而言后, 对先王指继体之君。式, 用。典, 旧典。集, 和辑。校订者按: 孔《传》曰: "君天下能用常法, 则和集众国大来朝享。"
⑤ 越, 及。
⑥ 肆, 今。
⑦ 德用者, 用明德。
⑧ 怿, yì, 悦。和怿, 和悦之。
⑨ 先后, 劳来之。
⑩ 迷民者, 迷惑染恶之民。
⑪ 命, 天命。用怿先王受命者, 言用慰悦先王之克受天命。
⑫ 已, 发端叹词。
⑬ 欲至于万年, 言诸侯能若兹诰, 则享国长久。
⑭ 惟王子子孙孙永保民, 言今王能若兹诰, 则受命固也。按: 王鸣盛曰: "此篇三言监, 皆指公侯伯子男各监一国者。而康叔实为之牧长, 其时四方诸侯咸在, 故周公因诰康叔, 并普戒侯甸男邦采卫, 且以勉王如此。"

多士①

惟三月②,周公初于新邑洛③,用告商王士④。

王若曰:"尔殷遗多士,弗吊⑤旻天⑥,大降丧于殷。我有周佑命,将⑦天明威,致王罚⑧,敕⑨殷命终于帝。⑩

"肆⑪尔多士,非我小国敢弋⑫殷命。惟天不畀允罔固乱,弼我。⑬我其敢求位?惟帝不畀。惟我下

---

① 周既作洛邑,乃迁殷之士大夫从武庚叛者,令居之,周公以王命总呼众士而告之。史因以"多士"名篇。亦诰体也。
② 三月,成王祀洛次年之三月。
③ 洛,成周,即今河南省洛阳市。
④ 称商王士者,贵之也。
⑤ 蔡沈《集传》曰:"弗吊,未详,意其为叹悯之辞,当时方言尔也。"校订者按:弗,不。吊,淑,善。谓纣王不敬上天,故上天降罚。
⑥ 旻,mín。秋为旻天,主肃杀。
⑦ 将,犹奉。
⑧ 致王罚,谓致王者之诛罚。
⑨ 敕,正黜。
⑩ 终于帝者,言终周于帝王。校订者按:谓殷命绝于天。
⑪ 肆,今。
⑫ 弋,yì,取。弋鸟之弋,言有心取之。
⑬ 畀,与。固,古文训本作"忌",忌、怙异体字。惟天不畀允罔固乱弼我者,言信惟天不与诬罔而怙乱者,故辅弼我。

民秉为，惟天明畏。①

"我闻曰：上帝引逸。②有夏不适逸，③则惟帝降格，向于时夏，④弗克庸帝，大淫泆有辞。⑤惟时天罔念闻，⑥厥惟废元命，⑦降致罚，⑧乃命尔先祖成汤革⑨夏，俊民⑩甸⑪四方。

"自成汤至于帝乙，罔不明德恤祀⑫，亦惟天丕建⑬，保乂⑭有殷。殷王亦罔敢失帝⑮，罔不配天

---

① 帝，天。秉，执。畏，通"威"。惟帝不畀三句，言天之不与殷，于何验之，验之于民而已。惟我下民所秉执，所作为，即天之明威。
② 引，导。逸，安。上帝引逸者，谓上天欲引民长得安逸。
③ 有夏，谓桀。不适逸，谓桀为政，不使民得适安逸。
④ 则惟帝降格向于时夏，言天犹降至灾异，以示意向于桀。
⑤ 庸，用。有辞者，有罪状可指说。
⑥ 惟时，于是。天罔念闻者，言天不爱念，不听闻。
⑦ 元命，大命。
⑧ 降致罚，谓下致灭亡之罚。
⑨ 革，更。
⑩ 俊民，谓才德过人者。
⑪ 甸，治。
⑫ 恤祀，谓忧念祭祀。
⑬ 丕建，大建立。
⑭ 乂，治。
⑮ 罔敢失帝者，谓不敢失上帝之则。

其泽。①

"在今后嗣王②,诞罔显于天,③矧曰④其有听念于先王勤家⑤。诞淫厥泆,罔顾于天显民祇。⑥惟时上帝不保,降若兹大丧。⑦惟天不畀,不明厥德。⑧凡四方小大邦丧,罔非有辞于罚⑨。"

王若曰:"尔殷多士,今惟我周王⑩,丕灵承帝事。⑪有命曰割殷⑫,告敕于帝。⑬惟我事不贰

---

① 配天,谓为天子。其泽者,布其德泽于民。校订者按:罔不配天其泽,当为"其泽罔不配天"之倒,谓其施恩泽于民无不秉承天意。
② 后嗣王,谓纣。
③ 诞,大。诞罔显于天,谓大不明于天道。
④ 矧曰,更谈不上。
⑤ 先王勤家,谓商先王之勤劳国家。
⑥ 罔顾于天显民祇者,言无复顾念于天之显道,民之敬畏。
⑦ 若兹,如此。大丧者,谓国亡身戮。
⑧ 惟天不畀不明厥德,言天不与不明其德之人。
⑨ 有辞于罚者,言皆有可数之罪,致罚之由,明天不枉罚无辜也。
⑩ 周王,谓文王、武王。
⑪ 灵,善。丕灵承帝事,言大善奉天事,即《武成》篇所云"祇承上帝,以遏乱略"是也。
⑫ 割,剥。割殷者,剥丧殷命。
⑬ 告敕于帝者,谓告其敕正之事于帝,即《武成》篇所言"告于皇天后土,……将有大正于商"者。

适,惟尔王家我适。^①予其曰:'惟尔洪无度,^②我不尔动,自乃邑。^③'予亦念天即于殷大戾,^④肆不正。^⑤"

王曰:"猷!^⑥告尔多士,予惟时其迁居西尔。^⑦非我一人奉德不康宁^⑧,时惟天命,无违。朕不敢有后^⑨,无我怨。

"惟尔知,惟殷先人,有册有典,殷革夏命。^⑩今尔又曰:'夏迪简在王庭,^⑪有服在百僚。^⑫'予一人惟听用德,肆予敢求尔于天邑商,予惟率肆矜

---

① 惟我事不贰适两句,言割殷之事非私心,一于从帝而无贰适,则尔殷王家自不容不我适矣。
② 洪,大。洪无度者,大无法度也。
③ 我不尔动自乃邑者,言我本不尔动,乃尔自尔邑为乱。
④ 戾,lì,罪。纣既死,武庚又诛,是天就殷邦,屡降大戾。
⑤ 肆,故。肆不正者,言毋乃天意欲墟殷乎?故若是之不正。
⑥ 猷,发语词。
⑦ 时,是。指上文殷大戾而言。谓惟是之故,所以迁居西尔。盖由殷故都朝歌适洛邑,济河而西,故曰居西。
⑧ 不康宁,谓不能使民安宁。
⑨ 后,谓怠慢天命,而有他罚。
⑩ 有册有典两句,言有书册典籍,载殷改夏命之事,正如此。
⑪ 夏迪简在王庭者,言商革夏命之初,凡夏之士,皆进用简拔,在商王之庭。
⑫ 服,服职。百僚,注见《皋陶谟》。

尔。① 非予罪，时惟天命。"

王曰："多士，昔朕来自奄，② 予大降尔四国民命。③ 我乃明致天罚，移尔遐逖，④ 比事臣我宗多逊。⑤"

王曰："告尔殷多士，今予惟不尔杀，予惟时命有申。⑥ 今朕作大邑于兹洛，予惟四方罔攸宾，⑦ 亦惟尔多士，攸服⑧奔走，臣我多逊。尔乃尚有尔土，尔乃尚宁干止。⑨ 尔克敬，天惟畀矜尔；⑩ 尔不克敬，尔不啻⑪不有尔土，予亦致天之罚于尔躬。

---

① 天邑商，即大邑商，谓商都。予惟率肆矜尔者，言我惟循商故事，矜怜于尔等而已。
② 奄，国名，其地在今山东省曲阜市东。来自奄，谓自伐奄归。事在周公摄政三年。
③ 降，犹今法降等。四国者，管、蔡、商、奄。言汝四国之民，罪皆应死，我乃大降尔命，免于诛戮。
④ 移，迁徙。遐逖，遥远。谓迁尔居洛，使远于故土之恶俗。
⑤ 比，亲近。宗，宗周。逊，顺。比事臣我宗多逊者，言亲近臣我宗周，当多逊顺。
⑥ 申，重。前归自奄之命为初命，则此命为重申之命。
⑦ 四方罔攸宾者，谓营洛邑，乃以四方诸侯，无所宾礼之地。校订者按：洛邑乃天下之中，四方诸侯朝贡方便。
⑧ 服，服事。
⑨ 干，事。止，居。宁，谓安心于所事居。此言汝既顺，汝乃庶有汝田土，庶安汝所事，安汝所居。
⑩ 尔克敬天惟畀矜尔，言汝能敬，则为天所与，为天所怜。
⑪ 啻，chì，但。

"今尔惟时宅尔邑①,继②尔居,尔厥有干有年③于兹洛,尔小子乃兴④从尔迁⑤。"

王曰,⑥又曰:"时予乃或言,尔攸居。"⑦

无逸⑧

周公曰:"呜呼!君子所其无逸!⑨先知稼穑之艰难,乃逸,⑩则知小人之依。⑪

---

① 宅,居。此邑非指都邑而言,乃《周礼》"四井为邑"之邑。
② 继者,承续安居之谓。
③ 有干,谓有营为。有年,谓有寿考。
④ 尔小子,谓汝之子孙。兴,盛。
⑤ 尔迁者,言是从汝迁徙基之。
⑥ 蔡沈《集传》暨江声《尚书集注音疏》皆谓"王曰"下有阙文。
⑦ 时予乃或言尔攸居者,言今时我或有所言,皆以尔所居止为念。
⑧ 成王初政,周公恐其逸豫,故作是书以训之。篇中凡七更端,周公皆以"呜呼"发之,深嗟永叹,亦训体也。
⑨ 所,犹处。言君子处位为政,当无自逸豫。
⑩ 稼穑,农事。种谷曰稼,敛谷曰穑。校订者按:王引之《经义述闻》卷三十二:"'乃逸'二字,衍字也。(家大人曰'先知稼穑之艰难,则知小人之依',文义上下相承,中间不得有'乃逸'二字。……盖涉下文'厥子乃不知稼穑之艰难,乃逸,乃谚'而衍。)"此说是,"乃逸"二字为衍文,当删。
⑪ 小人,小民。依者,指稼穑而言,小民所恃以为生者。校订者按:王引之《经义述闻》卷四曰:"依,隐也。……小人之隐,即上文'稼穑之艰难',下文所谓'小人之劳也'。云'隐'者,犹今人言苦衷也。"释"依"为"隐",于义为长。

"相①小人,厥父母勤劳稼穑,厥子乃不知稼穑之艰难,乃逸,乃谚②,既诞,否则侮厥父母曰:'昔之人无闻知。'③"

周公曰:"呜呼!我闻曰:昔在殷王中宗④,严恭寅畏,⑤天命自度,⑥治民祗惧,⑦不敢荒宁⑧。肆⑨中宗之享国七十有⑩五年。

"其在高宗⑪时,旧劳于外,⑫爰暨小人。⑬作⑭其

---

① 相,xiàng,视。
② 谚,通"喭",粗俗,鲁莽。
③ 既诞者,言既又妄诞,无所不至。昔之人无闻知者,言小人竟讪侮其父母曰:古老之人,无闻无知,徒自劳苦,而不知逸乐。
④ 中宗,殷王太戊,汤之玄孙。商自成汤以后,政教渐衰,太戊修德,殷道复中兴,故表显之,号为中宗。
⑤ 严恭寅畏者,严则庄重,恭则谦抑,寅则钦肃,畏则戒惧。
⑥ 天命,即天理。自度者,谓以天理自检束其身。
⑦ 治民祗惧者,言为政之际,祗敬恐惧,小心翼翼。
⑧ 荒宁,荒怠自安。
⑨ 肆,故。
⑩ 有,通"又"。
⑪ 高宗,殷武丁也。
⑫ 旧,久。校订者按:旧劳于外,郑玄注:"武丁为太子时,殷道衰,为其父小乙将师役于外,与小人之故,言知其忧劳也。"
⑬ 爰,于。暨,与。爰暨小人,言高宗于是时与小民同处,故知小民稼穑之艰难。
⑭ 作,及。

即位，乃或亮阴，三年不言。① 其惟不言，言乃雍。②不敢荒宁，嘉靖③殷邦，至于小大，无时或怨。④ 肆高宗之享国五十有九年。

"其在祖甲⑤，不义为王，⑥旧为小人。作其即位，爰知小人之依，能保惠⑦于庶民，不敢侮鳏寡⑧。肆祖甲之享国三十有三年。

"自时⑨厥后立王，生则逸。生则逸，不知稼穑之艰难，不闻小人之劳，惟耽乐之从。⑩ 自时厥后，亦罔或克寿，⑪或十年，或七八年，或五六年，或四三年。⑫"

---

① 乃或亮阴三年不言，注详《说命上》。
② 雍，和。言乃雍者，发言和顺，当于理也。
③ 嘉，善。靖，安。嘉靖者，言其礼乐教化，蔚然于安居乐业之中。
④ 小大，谓万民上及群臣。此言人臣小大皆无怨王。
⑤ 祖甲，殷高宗之子，祖庚之弟。
⑥ 高宗欲废祖庚立祖甲，祖甲以此为不义，逃于民间，故曰不义为王。
⑦ 惠，爱。
⑧ 鳏，guān。老而无妻曰鳏，老而无夫曰寡。
⑨ 自时，自是。
⑩ 耽，dān，过乐谓之耽。惟耽乐之从，言荒淫也。
⑪ 亦罔或克寿，言亦无有能寿考者。
⑫ 此言耽乐愈甚，则享年愈促，盖举以戒成王。

周公曰："呜呼！厥亦惟我周太王、王季①克自抑畏②。

"文王卑服，③即康功田功。④徽柔懿恭，⑤怀保小民，惠鲜鳏寡。⑥自朝至于日中昃⑦，不遑暇食，用咸和万民。⑧

"文王不敢盘于游田，⑨以庶邦惟正之供。⑩文王受命⑪惟中身⑫，厥享国五十年。"

① 太王、王季，注见《武成》。
② 克自抑畏，谓能谦抑谨畏。下文将论文王之无逸，故先述其父祖之德若此，以是知其源流之深长。
③ 卑服，犹禹所谓恶衣服。言卑服，则宫室饮食自奉之薄，皆可类推矣。校订者按：卑服，与上文"克自抑畏"义近，即宾服、恭顺。
④ 即，就，完成。康，安。康功，谓安民之功。田功，谓养民之功。言文王专意于安养斯民。
⑤ 徽懿，皆美。徽柔懿恭者，言文王有柔恭之德，而又极其徽懿之盛。
⑥ 惠鲜云者，盖鳏寡之人，垂首丧气。赍予赒给之，使之有生意。校订者按：鲜，通"斯"，此。惠斯鳏寡，即上文"保惠于庶民，不敢侮鳏寡"之义。
⑦ 昃，zè，谓日过午。
⑧ 用咸和万民者，盖欲使无一不得其所。
⑨ 盘，沉湎。田，畋猎。
⑩ 文王为西伯，统庶邦，皆有常供，故曰以庶邦惟正之供。言其于常贡正赋之外，无横敛也。
⑪ 受命，谓受命为诸侯。
⑫ 中身，谓中年。盖文王九十七而终，减去享国之五十年，即位时年四十七。

周书

周公曰:"呜呼!继自今①嗣王,则②其③无淫④于观⑤、于逸、于游、于田,以万民惟正之供。无皇曰:今日耽乐。⑥乃非民攸训⑦,非天攸若⑧,时人丕则有愆。⑨无若殷王受之迷乱,酗于酒德哉!⑩"

周公曰:"呜呼!我闻曰:古之人犹胥训告,⑪胥保惠,胥教诲,民无或胥诪张为幻。⑫

---

① 继自今者,谓自今日以往。
② 则,效法。
③ 其,指文王而言。
④ 淫,放恣。
⑤ 观者,如《春秋》鲁隐公如棠观鱼、庄公如齐观社之类。《穀梁传》曰:"常事曰视,非常曰观。"
⑥ 无,通"毋",下同。皇,通"遑",暇。无皇曰今日耽乐者,言毋自宽暇曰:今日姑为是耽乐。
⑦ 攸,所。训,法。
⑧ 若,顺。
⑨ 愆,qiān,过尤。时人丕则有愆,言是人大则效之,斯有愆尤矣。校订者按:孔《传》曰:"夫耽乐者,乃非所以教民、非所以顺天。是人则大有过矣。"
⑩ 迷乱酗酒,注俱见《微子》。酗酒而谓之德者,盖纣心迷政乱,以酗酒为德。
⑪ 胥,注见《梓材》。训告,诫告。
⑫ 诪,zhōu,诳。张,诞。诪张,欺诈。变名易实,以眩观者曰幻。民无或胥诪张为幻者,言当时之民,无或敢诳诞为幻。

"此厥不听,^① 人乃训之,乃变乱先王之正刑^②,至于小大。^③ 民否则厥心违怨,^④ 否则厥口诅祝^⑤。"

周公曰:"呜呼!自殷王中宗及高宗及祖甲,及我周文王,兹四人迪哲。^⑥

"厥或告之曰:'小人怨汝詈^⑦汝。'则皇自敬德。^⑧ 厥愆,曰:朕之愆。^⑨ 允若时,^⑩ 不啻不敢含怒。^⑪

"此厥不听,^⑫ 人乃或诪张为幻,曰:'小人怨汝詈汝。'则信之。则若时,不永念厥辟,^⑬ 不宽

---

① 此厥不听者,谓上文古人胥训告保惠教诲之事,俱不听信。
② 正刑,正法。
③ 至于小大者,言无小无大,莫不尽取而变乱之。
④ 否则,犹于是。违怨,谓违其命而怨其身。
⑤ 祝,义同"咒"。诅祝,谓告神明,令加殃咎。凡以言告神谓之祝,请神加殃谓之诅。
⑥ 迪,蹈。哲,智。兹四人迪哲者,言此四人,皆蹈明智之道,以临下民。校订者按:迪、哲义近,谓通达明智。
⑦ 詈,ṇ,骂。正斥曰骂,旁曰詈。
⑧ 皇,大。则皇自敬德者,言汝闻人怨骂汝,则反求诸身,大自敬德,不必怨尤其人。
⑨ 厥愆曰朕之愆者,犹汤所云"百姓有过,在予一人也"。
⑩ 允若时者,言信如是。
⑪ 不啻不敢含怒者,言不但不敢含怒,乃欲屡闻之,以知己政得失之源。
⑫ 此厥不听者,谓上文四王迪哲之事,不肯听信。
⑬ 不永念厥辟者,谓不长念其为君之道,不知审察虚实。

绰厥心,① 乱罚无罪，杀无辜。怨有同,② 是丛于厥身。③"

周公曰："呜呼！嗣王其监于兹！"

蔡仲之命 ④

惟周公位冢宰⑤，正百工⑥，群叔流言。⑦ 乃致辟⑧管叔于商；囚⑨蔡叔于郭邻⑩，以车七乘；⑪ 降⑫霍叔于庶人，三年不齿。⑬ 蔡仲克庸祗德，周公以为卿

---

① 绰，缓，大。不宽绰厥心，言其心褊急含怒。
② 怨有同者，言天下之人，虽受祸不同，其怨则同。校订者按：曾运乾《尚书正读》曰："同，合会也。"指民怨汇聚。于义为长。
③ 丛，聚。丛于厥身者，谓此怨恶，皆聚于人君一人之身。
④ 蔡，国名，今河南省汝南、上蔡、新蔡等地。仲，蔡叔之子。蔡叔既殁，周公以仲贤，命诸成王，复封之蔡，此其诰命之辞。
⑤ 冢宰，太宰。校订者按：《周官》篇曰："冢宰掌邦治，统百官，均四海。"
⑥ 百工，百官。
⑦ 群叔流言及管叔、蔡叔、霍叔，注俱详《金縢》。
⑧ 辟，大辟。致辟者，诛戮之也。
⑨ 囚，拘击之，制其出入。
⑩ 郭邻，地名。校订者按：孔《传》："中国之外地名。"今不详其所在。
⑪ 乘，shèng，一车四马谓之一乘。以车七乘者，言拘蔡叔，迁之于郭邻，惟与之从车七乘。
⑫ 降，黜贬。
⑬ 齿，录用。三年不齿者，三年后，方齿录复其国。

士。① 叔卒，乃命诸王邦之蔡。

王若曰："小子胡！②惟尔率德改行，③克慎厥猷④，肆⑤予命尔侯于东土。往即乃封，⑥敬哉！

"尔尚盖前人之愆，惟忠惟孝。⑦尔乃迈迹自身，⑧克勤无怠，以垂宪乃后。率乃祖文王之彝训⑨，无若尔考之违王命。

"皇天无亲，⑩惟德是辅；⑪民心无常，⑫惟惠之怀⑬。为善不同，同归于治；为恶不同，同归于

---

① 周公留佐成王，食邑于圻内，圻内诸侯立孟、仲二卿，故用仲为卿。
② 胡，仲之名。
③ 率德改行者，谓遵循文王之德，改蔡叔之行。
④ 猷，道。
⑤ 肆，故。
⑥ 往即乃封者，谓往就汝所封之国。
⑦ 盖，掩。前人，谓蔡叔。蔡叔之罪在于不忠不孝，故仲能掩前人之过，惟在于忠孝而已。
⑧ 迈，勇往力行之意。迹，善迹。蔡叔违王命，仲无所因，故曰迈迹自身。
⑨ 彝训，常教。
⑩ 无亲者，言天之于人，无有亲疏。
⑪ 辅，佑。校订者按：惟德是辅，即辅德之义，宾语前置句。下文"惟惠之怀"句式相同。
⑫ 无常者，言民心对上，无有常主。
⑬ 怀，归。

乱。^①尔其戒哉!

"慎厥初,惟厥终,^②终以不困;不惟厥终,终以困穷^③。

"懋乃攸绩,^④睦乃四邻^⑤,以蕃王室,^⑥以和兄弟,^⑦康济小民。率自中,^⑧无作聪明^⑨乱旧章^⑩;详^⑪乃视听,罔以侧言^⑫改厥度^⑬。则予一人汝嘉。"

王曰:"呜呼!小子胡,汝往哉!无荒弃朕命!"

---

① 为善不同四句,言人之为善为恶,虽万端不同,然治乱所归则同。
② 惟,思。思其终者,所以谨其初也。
③ 穷,困之极也。
④ 懋乃攸绩,谓勉汝所立之功。
⑤ 四邻,谓邻国。
⑥ 以蕃王室,注见《微子之命》。
⑦ 以和兄弟,谓和协同姓。
⑧ 率自中者,循用大中之道。
⑨ 无,同"毋"。作聪明者,谓自作小聪明。自作聪明,则喜怒好恶皆出于私,而非中矣。
⑩ 旧章,谓先王之旧典成法。
⑪ 详,审度。
⑫ 侧言,一偏之言。惑于一偏之说,则非中矣。
⑬ 度,谓吾身之法度。

周官①

惟周王抚万邦,巡侯甸,②四征③弗庭④,绥厥兆民。六服⑤群辟⑥,罔不承德。归于宗周⑦,董正治官。⑧

王曰:"若昔大猷,⑨制治⑩于未乱,保邦于未危。"

曰:"唐虞稽古,建官惟百。⑪内有百揆⑫四岳⑬,外有州牧⑭侯伯⑮。庶政惟和,万国咸宁。夏商官

---

① 成王既黜殷命,灭淮夷,还归在丰,号令群臣,言周家设官分职,用人之法。史录其言,以"周官"名之,亦训体也。
② 巡侯甸者,巡狩侯服、甸服。侯甸,注见《武成》。
③ 四征,四面征讨。
④ 弗庭,谓不来庭归服之国。
⑤ 六服者,侯、甸、男、采、卫并畿内,为六服。
⑥ 群辟,谓六服之君。
⑦ 宗周,镐京。注详《泰誓中》。
⑧ 董,督。董正治官者,谓督正治理职司之百官。
⑨ 若,顺。大猷,大道。
⑩ 治,谓政教。
⑪ 唐虞稽古建官惟百,言尧舜考古,以立百官。
⑫ 揆,kuí,度。百揆,官名,言揆度百事。惟唐虞时有之,犹周之冢宰。
⑬ 四岳,官名,一人而总四岳诸侯之事。
⑭ 州牧,州长。
⑮ 侯伯,诸侯之长。

倍,① 亦克用乂②。明王立政，不惟其官，惟其人。③

"今予小子，祗勤于德，夙夜不逮。④ 仰惟前代时若,⑤ 训迪厥官。

"立太师、太傅、太保,⑥ 兹惟三公。论道经邦,⑦ 燮理⑧阴阳。官不必备，惟其人。⑨

"少师、少傅、少保,⑩ 曰三孤。⑪ 贰公弘化,⑫ 寅亮天地,⑬ 弼予一人。

"冢宰⑭掌邦治，统百官，均四海。⑮

---

① 夏商之时，世变事繁，故官数加倍。
② 乂，治。
③ 不惟其官惟其人，言不惟其官职之多，惟在得其人而已。
④ 逮，及。夙夜不逮者，言早夜若有所不及。
⑤ 时，是。若，顺。仰惟前代时若者，言仰惟先代之法是顺。
⑥ 贾谊曰："保者，保其身体；傅者，傅之德义；师，道之教训。此三公之职也。"
⑦ 论者，讲明之谓。经者，经纶之谓。论道经邦者，佐王论道，以经纶国事。
⑧ 燮，xiè，和。燮理者，和调之也。
⑨ 官不必备惟其人，言三公之官，不必备员，惟其人有德者乃处之。
⑩ 少师少傅少保，为三公之副官。
⑪ 孤，特。三少虽三公之贰，而非其属官，故曰三孤。
⑫ 贰，副。弘者，张而大之。贰公弘化者，言三孤副贰三公，弘大道化。
⑬ 寅亮天地者，谓敬信天地之教。
⑭ 冢，大。宰，治。天官卿，治官之长，是为冢宰。
⑮ 均，平。四海异宜，须调剂之，使得其平，故曰均四海。

"司徒①掌邦教,敷五典②,扰兆民。③

"宗伯④掌邦礼,治神人,⑤和上下⑥。

"司马⑦掌邦政,⑧统六师⑨,平⑩邦国。

"司寇掌邦禁,⑪诘奸慝,⑫刑暴乱。

"司空掌邦土,⑬居四民⑭,时地利⑮。

"六卿分职,各率其属,⑯以倡⑰九牧⑱,阜

---

① 司徒,地官卿,主国教化。
② 五典,注见《皋陶谟》。
③ 扰,驯。扰兆民者,言驯扰兆民之不顺者,而使之顺。
④ 宗伯,春官卿。伯,长,宗庙官之长。
⑤ 治神人者,治天神、地祇、人鬼之事。
⑥ 上下,谓尊卑等列。
⑦ 司马,夏官卿,主戎马之事。军政莫急于马,故以司马名官。
⑧ 国事何莫非政?独戎政谓之政者,用以征伐,正彼不正,王政之大者也。校订者按:政,即征。
⑨ 六师,注见《胤征》。
⑩ 平者,谓强不得陵弱,众不得暴寡,而人皆得其平。
⑪ 司寇,秋官卿,主寇贼法禁。掌刑不曰刑,而曰禁者,禁于未然也。
⑫ 奸,注见《微子》。慝,tè,隐恶、邪恶。奸慝隐而难知,故谓之诘,推鞫躬诘,而求其情也。
⑬ 司空,冬官卿,主国空土。
⑭ 四民,士农工商。
⑮ 时地利者,顺天时以兴地利。
⑯ 属,属官。按:《周礼》每卿六十属,六卿则三百六十属。
⑰ 倡,导。
⑱ 九牧,九州牧伯。

成①兆民。

"六年,五服②一朝。又六年,王乃时巡,③考制度于四岳。诸侯各朝于方岳,④大明黜陟。⑤"

王曰:"呜呼!凡我有官君子,⑥钦乃攸司。⑦慎乃出令,令出惟行,弗惟反。⑧以公灭私,⑨民其允怀⑩。

"学古入官,⑪议事以制,⑫政乃不迷⑬。其尔典常⑭作之师,无以利口⑮乱⑯厥官。蓄疑败谋,⑰怠忽

---

① 阜,大。成,谓化成。
② 五服,侯甸男采卫。注详《武成》及《酒诰》。
③ 周制十二年一巡狩,春东,夏南,秋西,冬北,以四时巡行,故曰时巡。
④ 方岳,四方之岳。东岳岱宗,南岳衡山,西岳华山,北岳恒山。诸侯各朝于方岳者,天子巡狩至某岳,则某方诸侯即朝会于此。
⑤ 黜,贬,降。陟,升。大明黜陟者,大明考绩升降之法。
⑥ 凡我有官君子者,合尊卑小大而同训之。
⑦ 钦乃攸司,谓敬汝所主之职。
⑧ 反者,令出不可行,壅逆之谓。弗惟反者,不欲其壅逆不行而反也。
⑨ 以公灭私者,言为政以天下之公理,灭一己之私情。
⑩ 怀,归附。
⑪ 学古入官,言当先学前代之法,然后入官治政。
⑫ 制,裁度。议事以制者,谓临事而议,以裁度其轻重。
⑬ 迷,错谬。
⑭ 典常,当代之法。
⑮ 利口,辩佞喋喋之口。
⑯ 乱,谓更改纷乱之。
⑰ 蓄,积。蓄疑败谋者,言积疑不决,则必败其谋。

荒政。①不学墙面,②莅事惟烦。③

"戒尔卿士,功崇惟志,业广惟勤。④惟克果断⑤,乃罔后艰。

"位不期骄,禄不期侈。⑥恭俭惟德,无载⑦尔伪⑧。作德心逸日休,⑨作伪心劳日拙。⑩居宠思危,罔不惟畏,弗畏入畏。⑪

"推贤让能,庶官乃和,不和政厐⑫。举能其官,惟尔之能;称⑬匪⑭其人,惟尔不任⑮。"

---

① 怠忽荒政者,谓怠惰忽略,则必荒废政事。
② 不学墙面,"人而不学,其犹正墙面而立",谓无有所睹。
③ 莅事惟烦者,言临事必举错烦扰。
④ 崇,高。功崇惟志两句,言功之高者,惟在志意;业之大者,惟在勤力。
⑤ 果断,果敢有决断。
⑥ 贵不与骄期而骄自至,禄不与侈期而侈自来。故曰位不期骄,禄不期侈。
⑦ 载,行。
⑧ 伪,诈。
⑨ 作德心逸日休者,盖为德直道而行,于心逸豫,而名且日美。
⑩ 作伪心劳日拙者,盖作伪饰巧百端,为心劳苦,而事且日拙。
⑪ 宠,尊位。弗畏入畏者,言苟不知敬畏,则入于可畏之中矣。
⑫ 厐,máng,杂乱。
⑬ 称,举荐。
⑭ 匪,非。
⑮ 不任,不胜任。

王曰:"呜呼!三事①暨大夫:敬尔有官,乱②尔有政,以佑③乃辟④。永康兆民,万邦惟无斁⑤。"

君陈⑥

王若曰:"君陈,惟尔令德孝恭,惟孝友于兄弟,⑦克施有政,命汝尹⑧兹东郊⑨,敬哉!

"昔周公师保万民,民怀其德。往慎乃司⑩,兹率厥常,⑪懋昭⑫周公之训,惟民其乂。⑬

"我闻曰:'至治馨香,感于神明。黍稷非馨,

---

① 三事者,任人、准夫、牧。按:任人,常任六卿。准夫者,平法之人,谓理狱官。牧者,九州之牧。
② 乱,治理。
③ 佑,辅助。
④ 辟,君。
⑤ 斁,厌,不满。
⑥ 君陈,臣名。周公迁殷顽民于下都,亲自监之。周公既殁,成王命君陈代周公,此其策命之辞。史录其书,以"君陈"名篇。
⑦ 善兄弟为友。
⑧ 尹,正,治理。
⑨ 天子之国五十里为近郊,自王城言之,下都乃东郊之地。
⑩ 司,职司。
⑪ 兹率厥常,谓循其常法,而教训之。
⑫ 懋,勉励,努力。昭,明。
⑬ 惟民其乂,与《说命中》"惟民从乂"同。

明德惟馨。'① 尔尚式时②周公之猷训，惟日孜孜③，无敢逸豫。

"凡人未见圣，若不克见；既见圣，亦不克由圣。④ 尔其戒哉！尔惟风，下民惟草。⑤

"图厥政，莫或不艰；有废有兴，出入自尔师虞，⑥ 庶言同，则绎。⑦

"尔有嘉谋嘉猷，⑧ 则入告尔后于内，尔乃顺之于外，⑨ 曰：'斯谋斯猷，惟我后之德。'呜呼！臣人咸若时，惟良显哉！"

王曰："君陈！尔惟弘⑩周公丕训，无依势作

---

① 馨香者，谓精华上升之气。至治馨香四句，言至治之极，则芬芳馨气上达，感格神明。所谓芬芳，非黍稷之气也，乃明德之馨尔。
② 式，用。时，是。
③ 孜孜，勤勉，不懈息。
④ 由，用。亦不克由圣，言凡人既见圣，亦不能用圣道，所以无成。
⑤ 尔惟风两句，言下民从上教而变，犹草随风而偃，不可不慎也。
⑥ 自，由。师，众。虞，度。出入自尔师虞者，言出纳政教，当由汝众言度之。
⑦ 绎，抽丝。此言众论同，则又抽绎而深思之，然后实行。
⑧ 言切于事谓之谋，言合于道谓之猷。
⑨ 顺之于外者，顺行之于外也。
⑩ 弘，弘扬光大。

威,无倚法以削①。宽而有制,②从容以和。

"殷民在辟③,予曰辟,尔惟勿辟;予曰宥,尔惟勿宥。惟厥中。④有弗若⑤于汝政,弗化于汝训,辟以止辟,乃辟。⑥狃⑦于奸宄⑧,败常乱俗,⑨三细不宥。⑩

"尔无忿疾于顽,⑪无求备于一夫。⑫必有忍,其乃有济⑬;有容⑭,德乃大。简⑮厥修⑯,亦简其或不修;进厥良,以率其或不良。

---

① 倚法以削者,谓倚恃法制,行刻削之政。
② 宽而有制者,盖使疏而不漏也。
③ 辟,刑。在辟,谓有罪之在刑法者。
④ 惟厥中者,言不可徇君之意,以为生杀,惟当审其轻重之中。
⑤ 若,顺。
⑥ 辟以止辟乃辟者,言苟刑而可以惩止犯刑者,乃刑之。
⑦ 狃,niǔ,习。
⑧ 奸宄,违法作乱,在外为奸,在内为宄。
⑨ 常,典常。俗,风俗。
⑩ 三细不宥者,言此三者罪虽细小,亦不可赦,盖以其所关者重大。
⑪ 顽,愚顽。此言人有愚顽未化者,汝当训之,无忿怒疾恶之。
⑫ 无求备于一夫,言用人当取其所能,无求全责备于一人。
⑬ 济,成就。
⑭ 容,谓宽大有包容。
⑮ 简,简别,鉴别。
⑯ 修,谓修其职业者。

"惟民生厚,① 因物有迁,② 违上所命,从厥攸好,③ 尔克敬典在德,④ 时乃罔不变。允升于大猷,⑤ 惟予一人膺受多福,其尔之休,终有辞⑥于永世。"

君牙 ⑦

王⑧若曰:"呜呼！君牙,惟乃祖乃父,世笃忠贞,服劳王家,厥有成绩,纪于太常。⑨

"惟予小子,嗣⑩守文、武、成、康遗绪⑪,亦惟

---

① 惟民生厚,言民之初生,其性本敦厚。
② 因物有迁者,言因见所习之物,本性乃有所迁变。
③ 违上所命从厥攸好者,言人之情性,好违上命,命之不能必其从;然君之所好,民必从之;故在上者,不可不慎其所好。
④ 敬典者,敬其君臣、父子、兄弟、夫妇、朋友之常道。在德者,得其典常之道,而着之于身。
⑤ 允,信。大猷,注见《周官》。
⑥ 辞,称诵之美辞。
⑦ 君牙,臣名。穆王命君牙为大司徒,此其诰命。
⑧ 王,穆王。名满,康王孙,昭王子。
⑨ 《周礼·司常》云"日月为常""王建太常",盖王之旌旗画日月,名之曰太常。纪于太常者,《周礼·司勋》云:"凡有功者,铭书于王之太常。"盖识其人与功以表显之。
⑩ 嗣,继承。
⑪ 绪,统绪。

先王之臣，克左右乱四方。^①心之忧危，若蹈虎尾，涉于春冰！^②

"今命尔予翼，^③作股肱心膂。^④缵乃旧服，^⑤无忝^⑥祖考。弘敷五典，^⑦式和民则。^⑧尔身克正，罔敢弗正；^⑨民心罔中^⑩，惟尔之中。

"夏暑雨，小民惟曰怨咨^⑪；冬祁^⑫寒，小民亦惟曰怨咨。厥惟艰哉！^⑬思其艰，^⑭以图其易，^⑮民乃宁。

---

① 左右，佐佑。乱，治。
② 蹈，践。蹈虎尾，畏其噬；涉春冰，畏其陷。盖喻忧危之甚。
③ 翼，辅翼。校订者按：予翼，辅助我。"予"为宾语，前置。
④ 股肱，注见《说命下》。膂，lǚ，脊。
⑤ 缵，zuǎn，继。旧服，即上文忠贞服劳之事。
⑥ 忝，辱。
⑦ 弘敷者，大而布之。五典，注见《皋陶谟》。盖五典之教，为司徒之职。
⑧ 式和者，敬而和之。则者，有物有则之则，君臣之义、父子之仁、夫妇之别、长幼之序、朋友之信是也。
⑨ 尔身克正两句，即孔子"子率以正，孰敢不正"之意。
⑩ 中，即《蔡仲之命》"率自中"之中。
⑪ 怨咨，咨嗟怨叹。
⑫ 祁，大。
⑬ 厥惟艰哉者，叹小民之生计，诚为艰难。
⑭ 思其艰者，念其饥寒之艰也。
⑮ 图其易者，谋其衣食之易也。校订者按：易，改变。此句谓想法改变民众之艰难。

"呜呼！丕显①哉，文王谟②！丕承哉，武王烈③！启佑我后人，咸以正罔缺。④尔惟敬明乃训，用奉若⑤于先王。对扬⑥文武之光命，追配于前人。⑦"

王若曰："君牙，乃惟由先正⑧旧典时式⑨，民之治乱在兹。率⑩乃祖考之攸行，昭乃辟⑪之有义。"

文侯之命⑫

王若曰："父义和，⑬丕显⑭文武，克慎明德，昭

---

① 丕，大。显，明。
② 谟，注见《皋陶谟》。
③ 烈，功业。
④ 咸以正罔缺者，言无一事不出于正，无一事不致其缜密。
⑤ 若，顺。
⑥ 对，答。扬，显扬。
⑦ 配，匹。前人，谓君牙之祖父。
⑧ 先正，指君牙之祖考而言。
⑨ 时，是。式，法。
⑩ 率，循。
⑪ 辟，君。
⑫ 幽王嬖褒姒，废申后，逐太子宜臼，宜臼奔申。申侯与犬戎既杀幽王，晋文侯与郑武公迎宜臼立之，是为平王，迁于东都。平王乃以文侯为方伯，赐以秬鬯弓矢，作策书命之，史录为篇。
⑬ 晋文侯为唐叔之后，与王同姓，故称曰父。文侯名仇，义和，其字也。天子于同姓诸侯皆呼为父，故以字别之。
⑭ 丕显，注见《君牙》。

升于上,① 敷闻在下。② 惟时上帝,集厥命于文王。亦惟先正,克左右昭事厥辟,③ 越④小大谋猷,罔不率从,肆先祖怀在位。⑤

"呜呼!⑥ 闵⑦予小子嗣,造天丕愆。⑧ 殄资泽于下民,⑨ 侵戎我国家纯。⑩ 即我御事⑪,罔或耆寿,俊在厥服,⑫ 予则罔克⑬。曰:'惟祖惟父,⑭ 其伊恤朕躬?⑮'呜呼!有绩⑯予一人,永绥在位。

---

① 昭升于上,言文王圣德,明升于天。
② 敷闻在下,言其德布于下民。
③ 左右及辟,注俱见《君牙》。
④ 越,犹于,对于。
⑤ 肆,故。先祖,谓成康以至宣幽。怀,安。
⑥ 此平王叹而自痛伤之辞。
⑦ 闵,怜。
⑧ 造天丕愆者,言遭天大谴,父死国败。
⑨ 殄,绝。殄资泽于下民者,言周邦丧乱,绝其资用惠泽于下民。
⑩ 戎,谓犬戎。纯,大。侵戎我国家纯,言戎狄侵陵,为我国家之害甚大。校订者按:侵戎,即侵伐。戎,谓战争、兵祸。
⑪ 御事,注见《泰誓上》。
⑫ 耆寿,老年人,此处谓老成持重之人。俊,孙诒让曰:"俊,当读为骏。《尔雅·释诂》云:骏,长也。"在厥服者,在其服位也。
⑬ 罔克,谓无能。
⑭ 惟祖惟父者,谓同姓诸侯在我祖父之列者。
⑮ 其伊恤朕躬,言其谁能怜恤我耶?
⑯ 有绩,谓有能致功绩。

"父义和,汝克昭乃显祖①,汝肇刑文武,②用会绍乃辟,③追孝于前文人④。汝多修扞我于艰,⑤若汝予嘉。⑥"

王曰:"父义和,其归视尔师⑦,宁尔邦。用赉尔秬鬯一卣,⑧彤弓一,⑨彤矢⑩百,卢⑪弓一,卢矢百,马四匹。⑫父往哉!柔远能迩,惠康⑬小民,无

---

① 显祖,谓唐叔。
② 肇,始。刑,法。言文武之道绝矣,今法文武自汝始,故曰肇刑文武。
③ 会者,合之而使不离。绍者,继之而使不绝。用会绍乃辟,言用文武之道会合,继汝君于善。
④ 文人,文德之人,亦指唐叔而言。
⑤ 《周礼·司勋》云:"战功曰多。"扞,hàn,卫。修扞我于艰者,盖谓救周诛伐犬戎。
⑥ 若汝予嘉者,言如汝之功,我所嘉美。
⑦ 师,众。
⑧ 秬,jù,黑黍。一稃二米,和气所生。鬯,chàng,以黑黍酿酒,煮郁金香草,筑而和之,使芬芳调畅,谓之秬鬯。卣,yǒu,中尊,盛酒器。诸侯受锡命,当告其始祖,故赐秬鬯。
⑨ 彤,赤色。彤弓,朱弓。诸侯有大功,赐弓矢,然后得专征伐。彤弓以讲德习射,藏示子孙。
⑩ 矢,箭。
⑪ 卢,黑色。
⑫ 马供武用,四匹曰乘。侯伯之赐无常,以功大小为度。
⑬ 惠,顺。顺小民之心为政。康,安。

荒宁，简恤尔都，①用成尔显德。"

费誓②

公曰："嗟！人无哗③，听命！徂兹④淮夷徐戎⑤并兴。

"善敹乃甲胄，⑥敽乃干，⑦无敢不吊⑧。备乃弓矢，⑨锻乃戈矛。⑩砺⑪乃锋刃，无敢不善。

---

① 简者，简阅其士。恤者，惠恤其民。都者，谓其国之都鄙。
② 费，bì，鲁国东郊地名。鲁侯伯禽，于成王即政元年，始就封于鲁，居曲阜。于时徐州之戎，淮浦之夷，并起为寇，鲁东郊之门不敢开。鲁侯时为方伯，率诸侯征之，至费地誓众，故以"费誓"名篇。
③ 哗，喧哗。
④ 徂，往。徂兹，犹云往者。校订者按：于省吾《尚书新证》云："徂即'虘'，亦作'叙'，语词。"又王引之《经传释词》卷八："《书·费誓》曰：'徂兹淮夷、徐戎并兴。'徂读为且。且，今也。言今淮夷、徐戎并兴也。"二说皆通，而王说尤胜。
⑤ 淮夷，淮南北近海之夷。徐戎，徐州之戎。
⑥ 敹，liáo，穿彻之谓。甲胄绳有断绝，当使敹理穿治之。胄，战时所着之冠，以御兵刃者。
⑦ 敽，jiǎo，系连。干，注见《牧誓》。
⑧ 吊，周至，完好。
⑨ 备，具。备乃弓矢者，每弓百矢，使其数准备充足。
⑩ 锻，炼淬。戈矛，注俱见《牧誓》。
⑪ 砺，磨。

书经

"今惟淫舍牿牛马,^① 杜乃擭,^② 敜乃阱,^③ 无敢伤牿。^④ 牿之伤,汝则有常刑。

"马牛其风,^⑤ 臣妾逋逃,^⑥ 无敢越逐,^⑦ 祗复之,^⑧ 我商赉汝;^⑨ 乃越逐不复,汝则有常刑,^⑩ 无敢寇攘^⑪,逾垣墙,窃马牛,诱^⑫臣妾,汝则有常刑。

"甲戌,^⑬ 我惟征徐戎,峙乃糗粮,^⑭ 无敢不逮^⑮,

---

① 淫,大。舍,放。牿,gù,牛马牢。
② 杜,塞。擭,huò,捕兽机槛。
③ 敜,niè,窒塞。阱,穿地为深坑,入不能出,其上不设机,小异于擭。盖师既出,牛马大布于野,故当窒塞擭阱,以免伤及牛马。
④ 既言牛马在牿,遂以牿为牛马之名。
⑤ 风,放。牝牡相诱谓之风。马牛其风者,马牛因牝牡相逐,而遂至放佚远去。
⑥ 役人贱者男曰臣,女曰妾。逋逃,逃亡。古人或以妇女从军,故曰臣妾逋逃。
⑦ 无敢越逐者,不得越军垒而远逐之,致失行伍。
⑧ 祗复之,谓有得风马牛逃臣妾者,当敬还之。
⑨ 我商赉汝,言我商度多寡以赏汝。校订者按:于省吾《尚书新证》云:"金文赏每作商。"商赉,即"赏赉",奖赏。
⑩ 越逐为失伍,不复为攘盗,故有常刑。
⑪ 寇攘,谓暴劫。
⑫ 诱,引诱,诱骗。
⑬ 甲戌,用兵之期。
⑭ 峙,zhì,通"庤",储备。糗,qiǔ,熬米麦使熟,又捣之以为粉。
⑮ 不逮,不及。

汝则有大刑。鲁人三郊三遂,①峙乃桢干②。甲戌,我惟筑③,无敢不供,汝则有无余刑,非杀。④鲁人三郊三遂,峙乃刍茭,⑤无敢不多,汝则有大刑。"

---

① 国外曰郊,郊外曰遂。天子六军,则六乡六遂。大国三军,故鲁三郊三遂。
② 桢干,板筑之木。题曰桢,墙端之木。旁曰干,墙两边障土者。
③ 筑者,筑攻敌之壁垒。
④ 无余刑非杀者,刑之非一,但不至于杀尔。
⑤ 刍,chú,喂牲畜之草。茭,干刍。刍茭,供军牛马之用者。

图书在版编目（CIP）数据

书经 / 叶玉麟选注；周玉秀校订. —北京：商务印书馆，2018
（学生国学丛书新编 / 王宁主编）
ISBN 978-7-100-15325-6

Ⅰ.①书… Ⅱ.①叶…②周… Ⅲ.①中国历史—商周时代②《书经》—注释 Ⅳ.① K221.04

中国版本图书馆 CIP 数据核字（2017）第 223712 号

权利保留，侵权必究。

学生国学丛书新编

书 经

叶玉麟　选注

周玉秀　校订

商 务 印 书 馆 出 版
（北京王府井大街36号　邮政编码100710）
商 务 印 书 馆 发 行
北京市十月印刷有限公司印刷
ISBN 978 - 7 - 100 - 15325 - 6

2018年1月第1版　　开本 787×1092　1/32
2018年1月北京第1次印刷　印张 4 1/2

定价：20.00元